上海市哲学社会科学规划青年课题"长三角城市群空间结构的演变特征与影响因素研究"
（项目号：2018EJL005）阶段性成果

城市群空间结构的
演变特征与影响因素研究

Research on the Evolution Characteristics and Influencing Factors
of Urban Agglomeration Spatial Structure

黄妍妮 著

上海交通大学出版社
SHANGHAI JIAO TONG UNIVERSITY PRESS

内容提要

自国家在"十一五"规划中提出要把城市群作为我国城镇化进程的主力军以来,中国区域经济就已由省域经济向城市群经济转变。本书主体部分理论分析了其对城市群空间结构产生影响的作用机制,利用多元化指标考察了城市群空间结构演变特征。实证检验了我国城市群空间结构演变的影响因素。本书指出,东部城市群空间结构较西部城市群相对均衡。经济发展水平与城市群集中度之间存在负相关关系,政府资源配置的大城市偏向与城市群集中度呈正相关关系。

本书适合城市经济学研究者及从业者参考阅读。

图书在版编目(CIP)数据

城市群空间结构的演变特征与影响因素研究 / 黄妍妮著. — 上海:上海交通大学出版社,2025.4. -- ISBN 978 - 7 - 313 - 32392 - 7

Ⅰ.F299.21

中国国家版本馆 CIP 数据核字第 2025XK6213 号

城市群空间结构的演变特征与影响因素研究

CHENGSHIQUN KONGJIAN JIEGOU DE YANBIAN TEZHENG YU YINGXIANG YINSU YANJIU

著 者:黄妍妮			
出版发行:上海交通大学出版社		地 址:上海市番禺路 951 号	
邮政编码:200030		电 话:021 - 64071208	
印 刷:上海万卷印刷股份有限公司		经 销:全国新华书店	
开 本:710mm×1000mm 1/16		印 张:9.5	
字 数:130 千字			
版 次:2025 年 4 月第 1 版		印 次:2025 年 4 月第 1 次印刷	
书 号:ISBN 978 - 7 - 313 - 32392 - 7			
定 价:69.00 元			

前　言

　　城市群作为区域经济一体化的高级形态,承载着推动国家经济增长、优化资源配置、促进区域协调发展的重要使命。随着全球化的深入发展和信息技术的飞速进步,城市群空间结构的演变呈现出前所未有的复杂性和动态性,成为地理学、经济学、城市规划等多个学科关注的焦点。本书正是基于这一背景,旨在深入剖析城市群空间结构演变的内在规律和外在动因,为城市群的可持续发展提供理论依据和实践指导。

　　城市群的形成与发展是城市化进程中的高级阶段,其空间结构的演变不仅反映了区域经济发展的阶段性特征,也深刻影响着城市的功能定位、产业布局、人口流动和社会治理等多个方面。近年来,随着全球化和信息化的加速推进,城市群内部城市间的联系日益紧密,空间结构呈现出网络化、扁平化、多中心化等趋势。然而,城市群空间结构的演变并非一帆风顺,也面临着诸如资源环境约束、区域发展不平衡、城市病等问题。因此,深入研究城市群空间结构的演变特征与影响因素,对于促进城市群健康有序发展、推动区域经济一体化、提升国家竞争力具有重要意义。

　　本书围绕城市群空间结构的演变特征与影响因素展开系统研究,首先梳理了国内外城市群空间结构演变的相关理论和研究成果,构建了城市群空间结构演变的分析框架。在此基础上,选取国内典型城市群作为研究对象,运用定量分析与定性分析相结合的方法,深入剖析了城市群空间结构演变的过程、特征及其背后的影响因素。本书不仅关注城市群空间结构的宏观演变趋势,还深入探讨了城市群空间结构的互动关系以及政策调控对城市群空间结构的影响等微观层面的问题。

本书在以下几个方面作出了创新性的尝试和贡献:一是构建了城市群空间结构演变的分析框架,为深入研究城市群空间结构演变提供了理论支撑;二是通过对典型城市群的深入分析,揭示了城市群空间结构演变的复杂性和多样性;三是探讨了政策调控在城市群空间结构演变中的作用机制,为城市群空间结构的优化调控提供了实践指导。

城市群空间结构的演变是一个长期而复杂的过程,随着全球化和信息化的深入发展,城市群空间结构将面临更多新的挑战和机遇。本书虽然对城市群空间结构的演变特征与影响因素进行了较为系统的研究,但仍有许多问题有待进一步探讨。未来,我们将继续关注城市群空间结构演变的新趋势、新特点和新问题,不断深化研究内容和方法,为推动城市群的可持续发展贡献更多的智慧和力量。

最后,感谢所有在本书撰写过程中给予我支持和帮助的同事、朋友和家人。特别感谢我的导师南京大学高波教授、魏守华教授以及其他同行专家的悉心指导和宝贵建议,他们的智慧与贡献使本书得以顺利完成。

目　录

第一章

导　论

第一节　研究背景与研究意义

一、研究背景

法国地理学家戈德(Gold)认为城市群是若干个城市在某一区域上集聚形成的有层次、有等级的空间组织形式。"十一五"以来,城市群就成为我国推进新型城镇化的主力军,中国区域经济已由省域经济向城市群经济转变(见表1-1)。城市群空间结构影响着城市群的整体效率,因此,城市群空间结构也是政府在城市群规划中考虑的重要内容。那么,如何采取行之有效的措施优化城市群空间结构成为理论界和决策层讨论和关注的焦点。

表1-1　调整区域发展重心的重要政策

文件名称(时间)	政策内容
"十一五"规划纲要(2006—2010)	首次提出要把城市群作为推进城镇化的主体形态
"十二五"规划纲要(2011—2015)	科学规划城市群内各城市功能定位和产业布局
党的十八大报告(2012)	科学规划城市群规模和布局
2014年中央经济工作会议决议(2014)	把城市群作为主体形态,促进大中小城市和小城镇合理分工、功能互补、协同发展

资料来源:作者整理。

近些年中国城市间的公共服务(教育、医疗、卫生等)和工资水平存在着显著差异,大城市公共服务和工资水平明显优于中小城市,造成大城市和特大城市人口的过度集聚,而中小城市因公共服务相对滞后、工资水平较低而吸引力不足,所谓"宁要北京一张床,不要外地一套房"。由表1-2可以看出,第一,从单个城市群看,城市群内部城市之间的公共服务水平①、集聚效应差距明显,2020年,长三角城市群上海的小学教师数是无锡的2.46倍,医生数是无锡的3.13倍,公共图书馆图书藏量是无锡的8.4倍,工资是无锡的1.51倍。关中城市群西安的小学教师数是铜川的15.65倍,医生数是铜川的14.61倍,公共图书馆图书藏量是铜川的117.34倍,工资是铜川的1.51倍。第二,分地区看,东部地区城市群内部城市之间在公共服务水平上的差距明显小于西部地区城市群,人口规模差距也显著地小于西部地区城市群。

传统理论对于城市群空间结构演变成因的探讨大都集中于城市群的地理特征、经济基础等因素,但是中国是一个大国,中国的城市群空间结构,不应该仅受制于传统理论中所讨论的因素,也会受其他因素的影响。那么,中国城市群空间结构演变的特征是什么? 造成这种演变的影响因素究竟是什么?

表1-2 2020年单个城市群内部城市指标对比②

		东部地区:长三角城市群			西部地区:关中城市群		
		上海	无锡	比值	西安	铜川	比值
公共服务	教育(人)	61 466	25 007	2.46	42 287	2 702	15.65
	医疗(人)	78 364	25 031	3.13	40 714	2 786	14.61
	文化(千册)	80 920	9 630	8.4	82 150	700	117.34
集聚效应	工资(元/年)	174 678	115 748	1.51	104 363	69 120	1.51

① 这里比较公共服务资源的绝对量,是因为消费者在评价公共服务的便利性时往往考虑的是公共服务资源的总量而不关心人均量。

② 为了对比不同区域单个城市群内部城市在公共服务、集聚效应和人口规模方面的差距,选取东部地区长三角城市群的上海和无锡,以及西部地区关中城市群的西安和铜川,其中,上海和西安是长三角城市群和关中城市群规模最大的城市,无锡和铜川则是长三角城市群和关中城市群人口规模排在第五位的城市。选取小学教师数、医生数和公共图书馆图书藏量表示城市教育、医疗和文化水平。选取地区工资水平代表城市的集聚效应。这里选择公共服务资源的绝对量,是因为消费者在评价公共服务的便利性时往往考虑的是公共服务资源的总量而不关心人均量。

（续表）

	东部地区:长三角城市群			西部地区:关中城市群		
	上海	无锡	比值	西安	铜川	比值
人口规模(万人)	1 466	266	5.51	773	70	11.04

注:除人口规模数据外,其余数据均是根据国研网相关统计数据(2020)测算而得。因2020年的市辖区人口数据仍未公布,此处选取2019年市辖区年平均人口的数据。

此外,中国城市群的发展还有一个有意思的现象,那就是在经济发展水平偏低且市场化程度较低的中西部地区,城市群都是以少数城市为主导,政府资源的配置更倾向于首位城市,导致城市群首位城市的首位度比较高。比如中部地区的中原城市群和西部地区的关中城市群,首位城市郑州和西安拥有更多的发展条件,国家级高新区、国家级经济开发区等优惠政策都设置在了城市群的首位城市,以市辖区人口衡量城市规模,2019年,中原城市群的首位度①是1.2006,关中城市群的首位度是1.7767;而在经济相对发达且市场化程度比较高的东部地区,政府的资源配置就相对比较合理,城市群内的城市规模相对平均,城市群首位城市的首位度也比较低。比如东部地区的长三角城市群,国家级高新区、国家级经济开发区等并不是集中在上海,而是形成以上海为中心,南京、杭州、苏州、宁波、无锡、常州等城市共同快速发展的经济共同体。以市辖区人口衡量城市规模,2019年,长三角城市群的首位度仅有0.9071。以首位度作为城市群空间结构的衡量指标,那么,城市群空间结构与其经济发展水平和政府资源配置有什么关系? 各城市群是否应该根据自身发展阶段的差异选择是集中化发展战略还是多中心化城市发展战略?

本书首先研究了序位—规模法则对中国城市群的适用性,并在此基础上,进一步深入探究中国城市群空间结构分布的特征和规律。试图弄清楚:我国城市群人口空间结构有什么样的特点及规律? 城市群空间结构是否因城市群经济发展水平、政府资源配置的不同而有所差异? 怎样采取有效措施优化城市群

---

① 此处首位度是四城指数,四城市指数的计算方法是首位城市规模与第二至第四位城市规模总和之比,四城市指数是度量城市群空间结构和集中度的有效指标,下同。2019年,以市辖区人口衡量城市规模,中原城市群排在前四位的城市分别是郑州、洛阳、漯河、新乡,关中城市群排在前四位的城市分别是西安、宝鸡、渭南、咸阳,长三角城市群排在前四位的城市分别是上海、南京、杭州、苏州。

空间结构进而促进城市群的协调可持续发展。

二、研究意义

（一）理论价值

以往关于城市群空间结构的研究，大多是从地理学的角度进行，从经济学的角度进行研究的成果不多，这也造成了经济学研究的不足。地理学和经济学对城市群空间结构的研究也可以相辅相成、相互融合。本书从公共服务和政府资源配置的角度，以城市经济学和新经济地理学为基础，研究公共服务和政府资源配置影响城市群空间结构的机理、内在规律等，力图丰富城市群空间结构演变的驱动机理研究。探究我国城市群空间结构的分布与演变特征，探寻公共服务和政府资源配置等因素作用于城市群空间结构的影响方向和大小，才能更加宏观具体地把握我国城市群空间结构发展的特征和规律，从而制定适宜的、正确的区域规划政策和发展战略。研究具有较大的学术价值，对城市经济学和区域经济学的发展形成推动作用。此外，该研究也为城市经济学、区域经济学及新经济地理学等学科在城市群空间结构方面的研究提供了新的经济学支撑。

（二）实践意义

合理有序的空间组织结构是提高经济增长质量和效益的重要源泉，也是当前区域规划的重要内容。大中小城市的协调有利于城市体系优化发展。然而，现实的情况是城市间公共服务非常不均等，不同城市群公共服务和工资水平差距也较大，各城市群的经济发展水平和政府资源配置偏向程度也存在差异，从而出现中东西部城市群城市规模分布和城市群空间结构发展程度不一的现象。我国城市群想要增强区域竞争力，实现整体经济高效、持续增长，就必须厘清公共服务和政府资源配置对城市群发展的驱动机理，从而通过协调城市群的公共服务供给、制定不同城市群的发展战略来实现城市群整体效益最大化。本书的研究有助于我国城市群空间结构的优化，为政府部门制定城市群的区域政策和发展战略提供参考。

综上，本书的研究既有理论价值，也有现实意义。理论价值表现为揭示了城市群空间结构演变影响因素的作用机理，为城市群空间结构的研究提供了经济学的理论支撑。现实意义是有助于政府部门制定优化我国城市群空间结构的政策。

第二节 相关文献综述

一、城市群的概念与形成机理

(一)城市群的概念与内涵

关于城市群的研究历史最早可以追溯到 19 世纪末期,1989 年,英国著名的城市学家、现代城市规划领域的先驱者霍华德将其研究成果出版在《明天:一条通向真正改革的和平道路》一书中,霍华德认为应该把乡村和城市相融合,将城市的周边区域归入城市的规划范围之内,并由此提出城镇集群(town cluster)的概念。1915 年,英国著名社会学家、生物学家,近代西方世界人本主义城市规划领域的思想家格迪斯出版了《进化中的城市》(*Cities in Evolution*)一书,书中详细介绍了格迪斯对英国城市进行研究的成果,格迪斯对英国的城市进化过程进行了探究,发现当时的城市正在从两方面发生着变化:一方面,由于城郊的进一步扩张,城市的范围也大大扩展;另一方面,由于诸如煤矿、公路、铁路、运河等地方性要素在空间上的交会,形成了节点,又进一步促进了工业的集聚和经济规模的扩张,并且城市的活动也明显在这些区域集聚。对于这样的区域,格迪斯将之称为集合城市(conurbations)。

关于城市群的概念研究,最早的先驱者是法国的地理学家戈特曼(Gottmann)。戈特曼于 1957 年对城市群进行了定义,他认为世界的空间不再由一个个单独的城市支配,而是由一系列的城市所组成的城市集合支配,这些城市集合在人口、经济活动等方面形成了一个巨大的整体,且这个整体是有层次的、有内核的,戈特曼将这样的城市集合称之为城市群。戈特曼对城市群的定义具有重要意义,之后对城市群进行研究的学者多以此概念为基础,进一步扩展。20 世纪 80 年代以后,随着全球化席卷世界,对城市群的研究又有了新的进展。以 Hall (2006)为代表的学者对巨型城市地区展开了研究,Hall 的研究发现,到 21 世纪,中国和欧洲会形成相似特征的城市群,这些城市群都以一个世界城市为中心,由 30 至 40 个城市及周边的城镇组成,从而构成一个规模庞大的城市集合体。中国对于城市群的研究最早可以追溯到 1983 年,《城市地理概论》(于洪俊、宁越敏著)第一次把戈特曼对城市群的研究思想引入了国内,在该书中城市群被译为"巨大都市带"。伴随着中国城镇化进程的不断推进和国内外环境的变化,接下来的研究学者们陆续提出了都市连绵区、城镇密集区、都市圈、城镇群体、城市群等概念来表达这一思想。其中,比较全面的是姚士谋、朱英明和陈振光(2001)对城市群下的定义,他们认为,城市群是指在相关的区域范围内,依托一定的自然条件,以一至两个大城市为中心城市,周围附着若干不同规模、类型的城市,不同的城市之间借助现代化的交通工具、相互连接的运输网和高度发达的信息网络所组成的一个相对完整的城市集合体。根据上述学者们对城市群的研究可以看出,学术界基本都认为城市群是由多个城市组成,且城市之间联系密切,共同作用于整个区域,对区域发展产生影响。根据该特点,结合上述研究成果,本书认为,城市群的定义要包括如下几个基本要素:连续的区域;城市群中各城市之间相互联系、相互影响;各城市都具有较高的城市化水平;城市群拥有一定的面积、人口和城建规模;城市群内具有发达的基础交通网络,形成区域内产业结构的互补性和多元发展。

(二)城市群的形成机理

1. 空间的相互作用

从空间的相互作用分析城市群的形成机理。1951年,美国地理学家乌尔曼(E.L. Ullman)利用空间相互作用原理研究发现,形成城市群的空间理论依据来自互补性、可移动性以及中介机会等。1972年,海洛特(P. Hagget)类比物理学中的热传递方式,认为城市群空间相互作用有三种形式,分别是对流、传导和辐射。

2. 产业和企业的扩散

从产业和企业的扩散解释城市群的形成机理。产业组织理论认为,城市群是产业组织的垂直解体和由网络化导致的城市功能转变的结果(克拉克森·米勒,1989)。贝利(B. J. L. Berry)从市场扩张、产业结构升级和比较成本这三个角度对城市群形成的严格的等级模式进行了阐述:第一,市场搜集按顺序进行的过程。企业家从大中心开始寻找机会,一直找到小中心,如此形成产业化的地区集聚过程。第二,涓滴过程。为了降低劳动力成本,大中心衰退的产业会转移到小中心,进而促进地区工业化和城市化进程。第三,模仿过程。大中心的新的技术会吸引小中心决策者进行模仿。

3. 专业化和分工

从专业化和分工的角度研究城市群的形成。新古典经济学认为,城市群是一种分工网络,这种分工网络是由分工的演进和分工专业化所形成的(杨小凯,2004)。李国平和杨洋(2009)在杨小凯研究思路的基础上,进一步深入探究了专业化对城市群形成的影响,研究发现,当分工变得越来越专业化时,在多个地方进行交易的效率要小于集中在一个地方进行交易。但是,当越来越多的交易集中在一个地方时,不可移动要素价格(如土地价格、拥挤成本等)会逐渐上升,从而部分抵消了专业化分工带来的效率的增加,经济活动逐渐开始向周边地区转移,形成城市群。市场范围也不再单一,扩大到周边的地区,进一步扩大的市场范围又会要求更大的规模经济和范围进行,进而继续促进专业化分工的深化。

4. 经济发展阶段

从经济发展阶段阐释城市群的形成机理。在罗斯托(Rostow)提出经济成长阶段论之后,弗里德曼(Friedmann)在此基础上进一步研究,认为城市群的形成可以分为四个阶段:第一个阶段,是生产力水平比较低的阶段。在这个阶段,沿海地区的居民仍然过着自给自足的生活,沿海地区发展出若干个聚落和港口。内陆地区也比较封闭,很少与外界联系,处于比较孤立的状态,且一部分人从沿海地区迁入到了内地。第二阶段,是工业化初始的阶段。在这个阶段,城市的空间形态发生了很大的变化,出现了若干点状分散的城市,但是由于此时国家的资本供给少,投资也少,国家只能选择一至两个城市进行发展,这些城市具有天然的区位优势,丰富的自然资源,便利的交通或广阔的市场,并且集聚经济的优势开始凸显。第三阶段,单中心结构的城市群向多中心结构的城市群演变,中心城市周围的边缘城市开始得到重视和开发,逐渐形成一个区域性的市场。第四阶段,城市群的边缘地区发展加速,区域基础性设施进一步完善,工业卫星城市也迅速得到发展,城市之间开始相互影响、相互作用,在经济、科技、文化等方面的联系也越来越多(秦岭、陈德君,2000)。2001年,姚士谋提出了城市群空间结构演变的两阶段理论:第一阶段,是城市群空间结构演变的初级阶段。在这个阶段,交通基础设施还没有得到充分发展,城市的第二产业和第三产业吸收了部分第一产业的劳动力,导致城郊人口下降。当城市的发展水平提高之后,城市中心的容纳能力减小,各种城市病开始凸显,人口和经济活动开始从中心向城郊转移,进而在城郊出现了一些规模较小的小镇。第二阶段,伴随着工业活动进一步向城郊分散以及城郊城市化水平的逐渐提高,由于城市的交通位置和经济活动的区位优势是决定产业集聚、人口集中以及建筑物高密度聚集的重要因素,因此,城市的中心和中心城市因为交通更加便利、基础设施更加完善和其他公共设施的投资更多而拥有更大的优势,导致城市规模经济的效应继续发挥作用。另外,企事业单位也在城市集中,进一步促进了城市社会文化交流机会的增多,高强度、高密度的经济活动和文化交流,使得城市集聚效应的作用更加凸显,最终使得人口、资本、技术、商品和劳动力等要素在城市集聚。随着交通基础设施的改善,特别是铁路的建设和汽车的普及,以及城市内交通干线的建立,使得原先远郊无人问津的地方逐渐成为工业布局的厂址和高档别墅区的所在地。

5. 其他原因

从报酬递增、规模经济、运输成本和路径依赖等角度研究城市群的形成机理。在农业区位论、中心地理学说和分割模型的基础上,克鲁格曼(Krugman,1996)加入了规模报酬递增、规模经济以及运输成本等变量,构建出多中心结构空间自组织模型,研究发现城市中厂商间的两个作用力——向心力和离心力,是城市空间结构形成的原因。克鲁格曼的研究把外部经济同区域内的产业集聚和贸易水平相联系,探究了特定城市体系中城市的职能以及城市之间产生联系的原因和动力。随着一个区域内人口规模的增加,城市体系开始发生变动,由于企业和居民都在追求更大的效用,因此,城市体系在这个过程中逐渐演化。如果这个区域本身拥有的人口规模较大,那么,城市体系会向更多层次的结构演化,且该区域会自发地在周边分化出新的城市进而形成两中心甚至多中心结构的城市体系。空间结构自组织行为导致了不同的城市空间距离会形成不同的城市体系均衡结构。

上述解释分别从不同的角度阐述了城市群形成的机理:①第一种解释以空间的相互作用为切入点,用互补性、可运输性和中介机会等作为解释变量,论证城市群形成的原因。②第二种解释以产业和企业的集聚扩散作为解释变量,阐释城市群形成的微观基础。③第三种解释从专业化和市场分工的角度,分析了城市群形成的经济基础。④第四种解释着重分析了城市群的形成过程,更突出了城市群物质形态的描述。⑤第五种解释最大的特点就是将贸易引入城市群的发展,使城市和城市群的发展更具开放性。前面的分析表明,这几种解释各有优势,从研究需要出发,本书的分析将充分借鉴各种解释的合理部分。

二、城市规模分布法则

(一)序位—规模法则

Christaller(1933)的中心地理论表明,一个城市体系内不同人口规模的城市数量与该城市对应的人口规模分布是有规律的。Auerbach(1913)和Singer(1936)等的研究发现上述规律可以用帕累托分布来描述:

$$N = kS^{-\alpha} \tag{1-1}$$

式(1-1)中,S为特定人口规模,N为人口规模超过S的城市数量,k和α为常数,α也称作帕累托指数。Singer(1936)认为,帕累托指数是表示城市人口规模分布模式的有效测度指标,通过α值可以估计城市体系内城市的相对作用。由于该分布反映了城市序位和城市规模之间的关系,因而也叫作序位—规模法则。

(二)齐普夫法则

1949年,哈佛大学语言学家齐普夫发现了城市规模分布的规律,即一个城市体系中的城市规模与城市在该体系中排序的乘积为一个常数,且这个常数的数值不变,这个常数就是帕累托指数。Zipf的这一发现被称为齐普夫法则(Zipf's Law)。在齐普夫(1949)提出齐普夫法则之后,很多研究对该法则进行了检验。研究结果大致有两类:第一类是城市体系分布和齐普夫法则相符合,代表研究有Eaton and Eckstein(1997)、Krugman(1996a,1996b)、Fujita,Krugman,Venables(1999)、Gabaix(1999a,1999b)以及Gabaix and Ioannides(2003)。Eaton and Eckstein(1997)利用1876—1990年法国的数据和1925—1985年日本的数据,进行实证检验,结果表明在研究期间内,两国的城市相对规模几乎没有发生变化。Krugman(1996a,1996b)和Fujita,Krugman,Venables(1999)以美国的数据为研究对象,发现美国的城市人口规模对数对城市序位对数的回归系数等于 1,且这个结果并不随着时间的变化而变化。
Gabaix(1999a,1999b)的研究也表明美国的城市体系遵循齐普夫法则。Gabaix
and Ioannides(2003)的研究也进一步验证了齐普夫法则的适用性。第二类是
城市体系分布不服从齐普夫法则,代表性的研究有 Rosen and Resnick(1980),
Carroll(1982),Black and Henderson(2003),Ioannides and Dobkins(1998)和
Brakman(2001)。Rosen and Resnick(1980)利用美国、日本和法国的数据进行
检验,发现三国的城市体系集中程度比齐普夫法则预期的要小,也就是说,美
国、日本和法国的城市人口规模对数对城市序位对数的回归系数小于 1。
Carroll(1982)对美国数据的检验也表明在城市体系发展的不同阶段,齐普夫法
则并不总是成立。Black and Henderson(2003)对美国的数据进行研究,发现
美国的城市体系集中程度比齐普夫法则预期的要大,也就是说,美国的城市人
口规模对数对城市序位对数的回归系数大于 1,且这一系数随着时间的推移不
断增大。Ioannides and Dobkins(1998)利用 1900—1990 年美国的数据进行研
究,发现美国中心城市的相对规模不断增大,美国城市的集中度逐年提高,即美
国的城市体系并不服从齐普夫法则。Brakman(2001)以荷兰为研究样本,利用
荷兰 300 年的长时间序位数据,发现 1600 年荷兰的城市人口规模对数对城市
序位对数的回归系数显著小于 1,但是到 1900 年,这个系数大于 1,1900 年之
后,这一系数又小于 1,这个结果反映了工业化的不同阶段城市体系结构的差
异。以上研究均是从实证经验的角度去验证齐普夫法则的正确性,Christaller
(1933)提出了理想的中心地理理论,该理论表明,每一个城市接触到中心城市
的机会都一样,每一个城市到达其他城市的通达性只和距离相关,因此,不管方
向是哪里,城市体系都是一个统一的交通面。根据该理论,像长三角城市群这
类平原类的且靠市场机制作用的城市群,城市群的人口规模分布应当服从齐普
夫法则。

三、城市群空间结构

(一)城市群空间结构的测度

测度城市群空间结构的主要方法一般有三种:帕累托指数、mono 指数和
首位度。其中,首位度的测算方法相对简单,是大多数文献度量城市群集中度

的首选指标。此外,现有文献还利用大都市区碎化指数、城市—区域均匀度指数和城市—区域经济集聚指数等指标对城市群空间结构进行了测度。城市群发展的空间结构演变有着明显的阶段性特征(代鑫等,2012)。

1. 基于帕累托指数的测度

帕累托指数的计算公式如下:

$$P(K)=P_1K^{-q} \tag{1-2}$$

式(1-2)中,K 为城市序列号($y=1,2,\cdots,N$;N 为城市群内部城市总数),$P(K)$ 是序号为 K 的城市人口规模,P_1 为首位城市的人口规模,令 $\alpha=1/q$,即为帕累托指数。帕累托指数是城市群空间结构分形特征参数,其值的高低反映了城市群空间结构总体特征。按照西方区域经济学的城市群空间结构分形维数研究假设(Batty and Longley,1994;Brakman et al.,1999),描述城市群空间结构分形特征的帕累托指数越接近于 1,城市群系统形态越好。

若 $\alpha=1$,则

$$P(K)=\frac{P_1}{K} \tag{1-3}$$

也就是说,在城市群体系内,满足城市群空间结构分形特征的城市规模,应该满足式(1-3)。进一步地,如果城市群内大多数城市的实际规模大于理论规模,则 $\alpha>1$,反之,$0<\alpha<1$。

2. 基于 mono 指数的测度

mono 指数(monocentricity)是利用城市群规模最大的前两位、前三位和前四位城市计算所得 q 值的平均值(Meijers and Burger,2010)。具体计算公式如下:

$$\mathrm{ln}P_i=C-q\mathrm{ln}R_i \tag{1-4}$$

其中,P_i 是第 i 位城市的人口或就业规模,C 为常数,R_i 为城市序位。q 为最小二乘回归斜率的绝对值。若 $q>1$,表明核心城市很突出,城市群服从单中心首位分布;若 $q<1$,则表明城市群就业或人口比较分散,城市之间规模差异较小,服从多中心结构;若 $q=1$,则认为该城市体系完全服从齐普夫法则。

3. 基于首位度的测度

城市群首位度的计算方法主要有两种:一种是计算首位城市规模占整个城市群规模的比重,另一种是计算一定数量城市之间的规模比,包括两城市指数、四城市指数和十一城市指数。两城市指数是指城市群最大城市的人口规模与第二大城市的人口规模之比,四城市指数是指城市群最大城市的人口规模与第二至第四大城市的人口规模总和之比,十一城市指数指城市群最大城市的人口规模与第二至第十一大城市的人口规模总和之比。由于第一类方法没有考虑到不同城市群的城市个数差异,因而不便于进行城市群之间的比较。第二类方法的三个指标之间具有较大的相关性,但是十一城市指数会受限于城市群的城市个数,因此无法对所辖城市小于 11 个城市的城市群进行测度。关于中国城市群首位度的测量,大部分文献都采用人口规模这一指标,少数文献使用了 GDP 数据代替人口规模数据,表征城市群在经济上的城市集聚程度(田超,2015)。

1)全城市指数

全城市指数衡量了城市群内部最大城市的规模占整个城市群的比重(Cervero,2001;Lee and Gordon,2007)。计算公式如下:

$$S = \frac{P_1}{\sum\limits_{i=1}^{N} P_i} \tag{1-5}$$

P_1 是第 i 位城市的人口规模($i=1,2,\cdots,N$),P_1 表示城市群内部最大城市的人口规模。

2)两城市指数

两城市指数是指城市群最大城市的人口规模与第二大城市的人口规模之比。计算公式如下:

$$S = \frac{P_1}{P_1 + P_2} \tag{1-6}$$

P_2 是第二大城市的人口规模,P_1 表示城市群内部最大城市的人口规模。

3)四城市指数

四城市指数是指城市群最大城市的人口规模与第二至第四大城市的人口规模总和之比。计算公式如下:

$$S = \frac{P_1}{P_2 + P_3 + P_4} \tag{1-7}$$

P_2 是第二大城市的人口规模,P_3 是第三大城市的人口规模,P_4 是第四大城市的人口规模,P_1 表示城市群内部最大城市的人口规模。

4)十一城市指数

十一城市指数指城市群最大城市的人口规模与第二至第十一大城市的人口规模总和之比。计算公式如下：

$$S = \frac{P_1}{\sum\limits_{i=2}^{11} P_i} \tag{1-8}$$

P_i 是第 i 位城市的人口规模（$i=2,3,\cdots,11$），P_1 表示城市群内部最大城市的人口规模。

4. 基于大都市区碎化指数的测度

大都市区碎化指数是度量一个城市—区域空间范围内城市的集聚或分散状态的有效指标（史雅娟等，2012）。度量方法是对在该区域中不同政府单元的某一个或多个指标占总量份额（百分比）的平方根加和得到，这一指标表示碎化程度。假设一区域中每一政府单元的某一指标为 x_i（$i=1,2,\cdots,n$），则：

$$y_i = \frac{x_i}{\sum\limits_{i=1}^{n} x_i} \tag{1-9}$$

$$I = \sum_{i=1}^{n} \sqrt{y_i} \tag{1-10}$$

I 代表了碎化指数，y_i 表示每一区域行政指标与区域总指标之比。I 的取值范围从 1 至 $\sqrt{n}$，当 y_i 等于 1 时，I 值达到最小，表明区域高度集中；当所有 y_i 都相等时，I 值达到最大，表示区域绝对均匀。通过该指标可以有效测度城市群在成长发展过程中空间范围内的集聚和分散状态。

5. 基于城市—区域均匀度的测度

该方法考虑到了城市空间面积的不均衡程度，计算方法是某一指标占总量的比重与空间面积占总面积的比重乘积的平方根的加总。即假设区域中每一个政府单元的某一指标为 x_i（$i=1,2,\cdots,n$），辖区的面积为 S_i（$i=1,2,\cdots,n$），则：

$$y_i = \frac{x_i}{\sum\limits_{i=1}^{n} x_i} \frac{S_i}{\sum\limits_{i=1}^{n} S_i} \tag{1-11}$$

$$NI = \sum_{i=1}^{n} \sqrt{y_i} \tag{1-12}$$

NI 代表了均匀程度指数,y_i 表示每个区域单元指标占区域总指标的百分比与每个单元辖区面积占总面积的百分比的乘积。NI 的取值范围从 0 至 1,当 NI 越接近于 1 时,表示越均匀,越接近于 0 时,表示越集聚。该指标把城市区域的空间面积因素考虑进了整个指标中,解决了缺少空间要素的问题。

6. 基于城市—区域经济集聚力的测度

当测度某一区域内经济发展的集聚引领作用时,可行的方法是把研究区域分为核心地与腹地两个部分,核心地加上腹地构成了整个区域,定义核心地人均 GDP 与腹地人均 GDP 之比为指数 R(史雅娟等,2012)。

$$R = \frac{r_c}{r_{c^-}} \qquad\qquad (1\text{-}13)$$

R 代表了研究区域的核心地人均 GDP 和腹地人均 GDP 之比,r_c 表示核心地的人均 GDP,r_{c^-} 代表腹地的人均 GDP。若指数 R 值在两个年度之间开始上升,则表明核心地仍处于经济快速增长的阶段,经济发展还有比较大的空间。当指数 R 值在两个年度之间开始下降,则表明核心地的集聚力仍处于辐射发展的阶段,经济活动开始向周边呈扩散趋势。

上述方法分别从不同的角度测度了城市群的空间结构,具体而言:①帕累托指数反映了城市群空间结构的总体特征,但是若城市群的人口规模分布不服从序位—规模法则,即 $\ln P$ 和 $\ln K$ 不能近似满足线性关系,则无法利用该法则对城市群空间结构进行测度。②mono 指数衡量了城市群内人口的集中或分散程度,然而该指数只定义到了城市群的前四位城市,没有将其他城市纳入考虑。③首位度是测度城市群中心城市人口规模集中程度的重要指标,但是全城市指数没有考虑到不同城市群内部的城市个数差异,因而不便于进行城市群之间的比较。两城市指数只考虑了两个城市的人口规模,相对于四城市指数,更易受到外界因素的干扰,而十一城市指数会受限于城市群内部的城市数目。④大都市区碎化指数未将区域的空间面积考虑到指标中,容易造成偏差。⑤城市—区域均匀度将空间面积因素纳入了指标中,弥补了大都市区碎化指数的不足,但是该方法的计算过程略微繁琐,且需要知道每一个区域的具有空间面积。⑥城市—区域经济集聚力测度了一个地区经济的集聚引领作用,但是该方法只将区域分为核心地和腹地两部分,过于笼统,而且该方法主要利用人均 GDP 进行测度,不适用于本书基于人口规模的测度。

（二）城市群空间结构的影响因素

Batty and Longley(1994)和 Brakman et al.(1999)提出了城市群空间结构的分形维数假说,该假说表明,描述城市群空间结构分形特征的参数值越靠近1,城市群的系统形态越完善,这一参数被称为帕累托指数。在这之后,大量的研究对城市群空间结构分形维数假说的适用性进行了验证,并且研究了城市群空间结构分形维数特征参数的影响因素。Rosen 和 Resnick(1980)对城市群空间结构的分形维数特征参数即帕累托指数的影响因素进行了研究,发现影响帕累托指数的因素大致可以分为 3 类:经济的因素、社会的因素和其他表示地理特征的因素。Soo(2005)选取 44 个国家的跨国面板数据,对城市群空间结构的分形维数特征参数即帕累托指数的影响因素进行实证分析,研究发现,政治因素对帕累托指数有更大的影响。然而,上述的研究均是以发达国家为研究样本,且研究得出的影响因素的作用方向并不一致。此外,研究发达国家城市群空间结构演变有两个前提假设,一个是土地市场是自由的,一个是居民可以自由地迁移,这两个前提假设与中国的实际情况并不一致。

关于中国城市群空间结构影响因素的研究,部分研究侧重于定性分析,分别从交通因素(王珺、周均清,2007)、产业因素(张祥建等,2003)、政府作用因素(郭荣朝等,2005)和区域创新因素(李秀敏、吴晓清,2006)等角度切入,研究这些因素对城市群空间结构的影响,并提出相应的对策建议。还有一部分研究侧重于定量的实证分析,史雅娟等(2012)研究了一个较长时间序列下中原城市群空间结构的分布与演变特征,分析了影响中原城市群空间结构的因素,得出结论:中原城市群空间发展的模式即多中心网络式。朱政等(2011)对珠三角城市群不同城市的职能及整个城市群的等级体系进行了详细剖析,并梳理了中原城市群空间结构的演化历程,得出结论:珠三角城市群的空间结构是多中心的模式,即主次中心城市带动组团城市发展的模式。在此基础上,分析其发展扩张的模式和规律。魏守华等(2013)基于 Zipf 法则分析了长三角城市群大中小城市均衡发展特征及其成因。赵璟等(2009)把西部地区城市群作为研究对象,在梳理了国外相关研究的基础上,结合中国的实际情况,实证分析了我国西部地区城市群空间结构的影响因素。孙斌栋(2019)采用铁路客运班次构造多中心指数来表征基于功能联系的城市群空间结构,在分析城市群空间结构演变基础上重点分析其影响因素。研究发现,基于功能联系视角的城市群空间结构总体呈单中心化趋势,但地区差异化明显。李博雅(2020)测算了 2003—2017 年长三角城市群空间结构演化以及泛长三角经济区空间联系的变化,构建空间计量模型探究了城市群多中心结构对经济区的溢出效应。发现在城市规模较小时,单中心结构对经济发展的促进作用较明显,随着城市规模的不断扩大,多中心的空间结构更有利于地区经济发展。肖泽平等(2021)测度了 2007—2017 年长江中游城市群空间结构时空演化特征及其多中心结构空间效应,发现合理的空间结构是城市群实现空间效应最大化的重要保障。朱政等(2021)从宏观、微观层面研究了长江中游城市群 1990—2019 年的空间结构演变历程及特征,并按照历史发展特征及规律,对 2025 年、2030 年的发展态势进行情景分析。

现有文献中,帕累托指数(*pareto*)是测度城市群空间结构的重要指标。关于帕累托指数演变的原因,主要有以下四个方面的观点:城市群自身特征决定,如 Rosen & Resnick(1980)、Mills & Becker(1986)发现,帕累托指数与总人口呈正相关,但是和国土面积呈负相关。Alperovich(1993)的研究也发现帕累托指数和人口密度、国土面积呈正相关。赵璟等(2009)认为帕累托指数与总人口呈负相关,与总面积呈正相关;经济因素决定,如 Rosen & Resnick(1980)的研究表明帕累托指数与人均 GDP 呈正相关,Alperovich(1993)发现帕累托指数和制造业在 GDP 中的增加值呈负相关;运输成本决定,如 Fujita 等(1999)在前人研究的基础上加入了交通成本,发现交通成本和帕累托指数呈正相关。高鸿鹰和武康平(2007)的研究发现帕累托指数与运输能力呈正相关;政治因素决定,如 Alperovich(1993)的研究发现帕累托指数与政府在 GDP 中的份额呈负相关,Soo(2005)利于跨国面板数据进行实证检验,研究发现政治因素对城市群空间结构帕累托指数有更加显著的影响。目前中国学者针对该问题的研究较少,以上研究大多以国外城市群为研究样本,因此,上述影响城市群空间结构演变的因素并不一定适用于我国城市群空间结构演变。

Rosen 和 Resnick(1980)利用 44 个国家 1979 年的数据,实证得出城市集中度和人均 GDP、总人口、铁路密度呈正相关,与国土面积呈负相关。Soo(2005)根据 73 个国家的数据,发现社会政治因素对城市集中度的影响要大于经济地理因素,且中国的城市集中度相比大多数国家来说更为均匀化。盛科荣等(2013)基于 57 个国家 2011 年的截面数据,最后得出:区域人口规模和人均GDP 的扩大会提高首位城市的人口规模和城市集中度,对外贸易联系的增强、基础设施条件的改善和民主化程度的增强会降低城市集中度。但他们都是从国家层面针对城市集中度的影响因素进行的实证研究,并没有细化到各个国家内部。

汪明峰(2001)利用我国 1984 年和 1997 年各省区的数据,实证得出城市集中度与区域经济发展水平呈负相关关系。刘修岩和刘茜(2015)根据 1996—2012 年我国省区面板数据和 DMSP/OLS 夜间灯光数据,实证发现区域的经济发展水平和人口规模对城市集中度有显著的负向影响。但他们都是以省区为研究对象,缺乏从城市群层面研究城市集中度的影响因素。Ades 和 Glaeser(1995)认为,政治因素是城市集中度的决定因素,一个国家的首都或省会城市会更易受到政府的偏向性政策支持,从而使得城市集中度变大。但是他们的研究结论不一定适用于我国。魏后凯(2014)也认为,我国政府资源配置的大城市和行政中心偏向,是导致我国近年来大城市尤其是特大城市规模快速扩张的重要原因,但是他们的研究却缺乏实证方面的检验。由上可得,以往文献主要集中于利用国家或省区层面数据,对城市集中度的影响因素进行分析,很少对城市群的集中度进行研究,且没有对我国城市群集中度的区域差异进行深入考察,而这一点对解释我国城市群集中度差异的内在原因具有重要的意义。

四、政府资源配置与城市体系协调发展

在我国推进城镇化的过程中,表现出了明显的大城市和中心城市资源配置偏向问题。这种政府资源配置的双重偏向以及相互的强化效应,造成的结果就是大城市和中心城市的人口越来越多,中小城市的人口越来越少,大城市和中小城市人口的差距越来越大(魏后凯,2014)。Gugler(1982)的研究发现,政府往往倾向于把资源向首都、省会城市和区域中心城市这类大城市集中,导致人们为了享受到这些资源,纷纷涌向大城市,造成这些城市规模的加速膨胀。余华义(2015)的研究认为,财政分权程度和地方政府对资源配置按其意愿进行的自由度成正相关关系,因此财政分权程度越高,地方政府官员选择的资源配置方式越可能接近达到其利润最大化的均衡价。也就是说,在其他条件一定的情

况下,财政分权程度越高,政府资源配置的城市偏向现象可能会越严重。卢华等(2015)认为,由于地方政府的 GDP 导向,地方官员为了晋升锦标赛,促进经济快速增长,更愿意把地方政府资源配置到对 GDP 贡献大、对税收贡献高的产业或行业,从而产生了一系列诸如环境污染、地方公共服务供给不足的问题。邹一南(2014)的研究表明,民主政治可以缓解地方政府资源配置的城市偏向问题,一方面,民主政治可以约束地方政府的资源配置行为,避免了资源向大城市过度集中,降低了资源的空间非均衡程度。另一方面,民主政治可以直接提高中小城市的政治地位,从而增加它们得到地方政府资源的能力。美国城市之间的经济发展水平相差不大,且每个城市都形成了自身的特色,因而人口流动的频率不高,城市规模体系相对比较稳定,各州的行政首都也没有成为中心的大城市(王章辉,1999)。

第三节　研究内容与研究方法

一、研究内容

本书在已有研究的基础上检验了序位—规模法则对我国东中西部城市群的适用性;利用多个指标对我国城市群空间结构进行测度,并从中发现我国城市群空间结构的分布及演变特征;从经济发展水平和政府资源配置的角度,探究二者对城市群空间结构演变的作用机理及经济关系。

第一,本书基于我国十大城市群的市辖区人口数据,绘制出各城市群的序位—规模散点图,检验序位—规模法则对我国城市群的适用性。

第二,在梳理已有文献和掌握相关理论的基础上,从公共服务和政府资源配置两个角度,以城市经济学和新经济地理学为基础,构建理论模型,探究公共服务和集聚效应,经济发展水平和政府资源配置作用于城市群空间结构的机理、内在规律。

第三,利用帕累托指数、mono 指数和首位度三个指标,综合考察我国有代表性的十大城市群空间结构演变特征与内在规律。

第四,构建城市群帕累托指数偏离度的测度指标,对我国十大城市群帕累托指数的偏差度进行计算。并在此基础上,基于集聚效应和政府公共服务的双重视角,实证研究二者对城市群空间结构的作用机制和影响方向。

第五,测算我国十大城市群的两城市指数和四城市指数,并利用十大城市群的面板数据,实证分析经济发展水平和政府资源配置对城市群集中度的影响。

第六,提出促进中国城市群空间结构优化的政策建议,以及对不同发展阶段的城市群提出差异化的发展战略,为政府部门制定决策提供参考。

二、拟解决的主要问题

(一)序位—规模法则对于我国城市群的适用性检验

序位—规模法则是城市经济学最经典的经验规律之一。国外学者多用该法则去拟合不同的国家和地区,以检验该法则的适用性。那么,序位—规模法则是否适用于我国? 在当今中国以城市群为主体的新型城镇化阶段,检验序位—规模法对我国城市群的适用性至关重要。

(二)我国城市群空间结构演变特征

若我国城市群服从序位—规模法则,那么,我们就可以利用该法则去描述我国城市群空间结构的特征。度量该法则的重要参数—帕累托指数是本书关心的重点,每个城市群的帕累托指数等于多少,不同城市群之间的帕累托指数有着怎样的差别,是本书要解决的问题之一。除此之外,本书还利用 mono 指数、首位度等指标,全面、系统地对我国城市群空间结构进行度量,并从中发现我国城市群空间结构演变的特征及发展规律。

(三)公共服务对城市群空间结构的影响机制

以往研究主要从城市群自身特征、知识溢出等方面探究其对城市群空间结构的影响,本书从集聚效应和公共服务的视角,分析其对城市群空间结构作用的机制。这种影响的方向和作用力度如何是本书拟解决的关键问题之一。

(四)政府资源配置对城市群空间结构的影响机制

经济发展水平低且市场化程度不高的中西部城市群,政府的资源配置都偏向于首位城市,以一个首位城市为主导;而在相对发达的东部地区城市群,政府的资源配置则相对平均,首位城市的首位度也相对较小。本书试图探究城市群空间结构与经济发展水平、政府资源配置之间的关系,进而提出对于不同发展阶段的城市群,究竟是选择单中心城市发展战略还是多中心城市发展战略的建议。

三、技术路线图

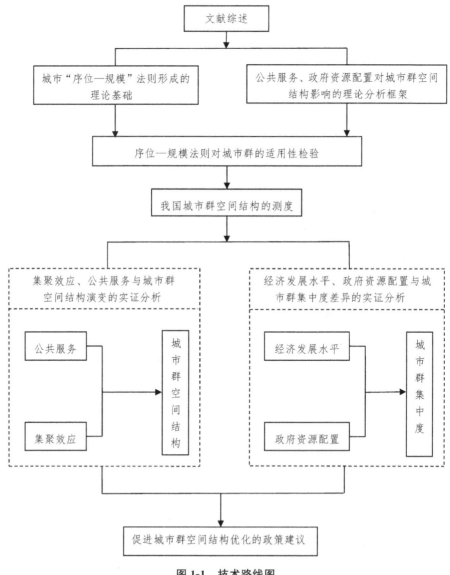

图 1-1　技术路线图

四、研究方法

本书以产业经济学、区域经济学、新经济地理学、城市经济学等学科的基本原理与方法论为指导,采用的方法主要包括数理模型分析法、现代计量经济学分析法、比较分析法和指标体系分析法等。

(一)数理模型分析法

数理模型分析方法是指在分析经济过程时,通过构建一系列数字符号和数字算式,抽象出现实经济现象的研究方法。这种分析的方法可以简化对经济现象和经济过程的表述,使得逻辑推理变得更加清晰简洁,数理模型分析方法也使得经济学的分析框架变得更加有条理、有逻辑性,通过对经济过程的深入分析,抽象出各经济变量之间的关系及其整体的变化趋势,在这个基础之上,建立能表示这些关系的对应的理论模型。数理模型一般包括三种模型:总量模型、结构模型和单项模型。模型分析方法可以较好地忽略次要关系,突出主要关系,更直观地显示经济运行规律,有利于更加深入地研究问题。本书的理论分析部分借鉴了城市经济学和新经济地理学的相关知识和分析思路,通过构建数理模型揭示公共服务和政府资源配置驱动城市群空间结构演变的作用机制。

(二)现代计量经济学分析法

现代计量经济学的研究方法已经成为经济学研究的主流方法之一,且重视程度越来越高。该方法是通过数值估计从而得到各经济变量之间关系的一种数量分析方法。运用该方法的步骤如下:首先,把通过理论分析构建的理论模型转化成计量经济模型;其次,根据统计推断的方法对实际经济数据进行加工,使计量模型数值化;最后,得到模型各变量系数的估计值。现代计量经济学的分析方法主要有两个特点:第一,该方法使得理论模型与经验数据相结合,把抽象的理论赋予实际经验的内容。第二,该方法将随机因素对经济现象的影响纳入分析范围,使得结论更具现实性。本书在前人研究的基础上,拟运用现代计量经济学分析方法,实证考察公共服务和政府资源配置对城市群空间结构演变的作用机制。

(三)比较分析法

比较分析方法是指对两种或两种以上性质比较相近的事物做比较,总结归纳出这些事物的异同之处。无论是在社会科学研究还是在自然科学研究中，比较分析法都有着非常广泛的应用。比较分析法对于深化人们对事物的认识进而为人们的决策提供参考具有非常重要的作用。我国城市群包括规模、空间结构各异的多个城市群，而且不同地区的城市群在规模、空间结构上也有很大差异，因而需要采取多角度的比较分析，通过比较探索我国城市群空间结构演变的一般规律。通过比较，可以揭示我国城市群空间结构演变的共同性的趋势，探索不同城市群在不同条件下所选择的不同发展道路和发展战略。

（四）指标体系分析法

指标体系分析法是指通过构建一系列的指标反映现实现象的一种分析方法。由于现实现象的复杂性，有时仅用一个单一指标表示是不够的，需要利用多种指标来体现经济现象之间的相关联系的关系。指标体系分析方法就是通过构建多种指标构成一个总的指标，多种指标之间反映了经济现象各方面相互依存和制约的关系。建立指标体系是为了研究预测和评价的需要，这种方法把研究对象的内部复杂的属性和结构分解成为可操作化的、具体化的各个部分，并且对其中的每一部分赋予相应权重的过程。本书拟运用主成分分析法构建公共服务指标体系，对中国城市群的公共服务水平进行测度，根据测度结果进一步实证分析公共服务对中国城市群空间结构的影响。

第二章
我国城市群的发展现状研究

第一节　城市群的概念界定

当今世界,城市群已经成为区域发展的大趋势和主体形态。2005年,国家把城市群作为我国推进新型城镇化的主力军被首次写入国家"十一五"规划;2014年,《国家新型城镇化规划》中正式确立"把城市群作为推进我国城镇化的主要形态"。在历经近十年的讨论与探索后,我国新型城镇化的推进模式最终尘埃落定,这个模式既不是2000年后兴起的大城市,也不是长期占据舆论主流的小城镇,而是更加具有协调性和层次性的城市群为主体。关于规划城市群发展的全国性文件和意见如表2-1所示。

表2-1　关于规划城市群发展的全国性文件和意见

发布时间(年份)	文件名称
2006年	《国民经济和社会发展第十一个五年规划纲要》
2007年	《高举中国特色社会主义伟大旗帜 为夺取全面建设小康社会新胜利而奋斗——在中国共产党第十七次全国代表大会上的报告》
2007年	《关于编制全国主体功能区规划的意见》
2010年	《全国主体功能区规划》
2011年	《国民经济和社会发展第十二个五年规划纲要》
2012年	《坚定不移沿着中国特色社会主义道路前进 为全面建成小康社会而奋斗——在中国共产党第十八次全国代表大会上的报告》

（续表）

发布时间(年份)	文件名称
2013 年	《中共中央关于全面深化改革若干重大问题的决定》
2014 年	《国家新型城镇化规划》(2014—2020 年)
2022 年	《"十四五"新型城镇化实施方案》

资料来源:作者整理。

关于我国城市群目前的发展现状研究,主要有四个版本,这四个版本中,又可以分为两类:学术版本和政府版本。学术版本大致有两种:一种由中国社会科学院提出,在《2006 年城市竞争力蓝皮书》中,中国社会科学院明确提出,我国有 15 个城市群,分别是长三角城市群、珠三角城市群、京津冀城市群、徐州城市群、辽中南城市群、半岛城市群、海峡西岸城市群、中原城市群、武汉城市群、合肥城市群、关中城市群、长株潭城市群、成渝城市群、长春城市群和哈尔滨城市群。另一种由中国科学院地理科学与资源研究所提出,在《2010 年中国城市群发展报告》中,中国科学院地理科学与资源研究所提出我国目前有 23 个城市群,且这其中又分为达标城市群和不达标城市群两类。达标城市群包括长三角城市群、京津冀城市群、珠三角城市群、山东半岛城市群、海峡两岸城市群、长株潭城市群、成渝城市群、环鄱阳湖城市群、武汉城市群、中原城市群、哈大长城市群、江淮城市群、关中城市群和天山北坡城市群,不达标城市群则包括南北钦防城市群、晋中城市群、银川平原城市群、呼包鄂城市群、酒嘉玉城市群、兰白西城市群、黔中城市群和滇中城市群。政府版本的也大致有两种:第一种由国家发改委课题组于 2007 年提出,具体包括 10 个城市群,分别为长三角城市群、珠三角城市群、京津冀城市群、山东半岛城市群、海峡西岸城市群、辽中南城市群、中原城市群、长江中游城市群、关中城市群和川渝城市群。第二种是由住建部提出,住建部在《全国城镇体系规划纲要(2005—2020 年)》中,明确提出一个以"一带、七轴、多中心"为骨架,大中小城市协调发展的城市空间结构。具体地说,就是要在全国范围内形成三大都市连绵区和 13 个城镇群,三大都市连绵区是指长三角城市群、珠三角城市群和京津冀城市群,13 个城镇群分别是山东半岛、北部湾(南宁)、闽东南(海峡西岸)、中原地区(郑州)、汉江平原(武汉)、四川盆地(成渝)、湘中地区(长株潭)、滇中(昆明)、兰州—西宁、乌鲁木齐、辽中南、关中(西安)、哈长。以上的两个版本,虽然每个分类包含的城市群范围都不完全一样,但是都大致描绘出中国城市群的总体发展现状和演变趋势。

尽管《国家新型城镇化规划》中提出"要把城市群作为推进我国新型城镇化的主体形态",但都还只是一些粗略的阐释和描述,本身还不够精确、严密和周全,各城市群的发展状况也存在比较大的差异。鉴于此,研究我国城市群真实发展现状的需要更加迫切,对各城市群的基本发展情况应当有准确和全面的把握。本书根据研究的需要,结合数据的可得性,选取中国十大城市群——长三角城市群、京津冀城市群、珠三角城市群、辽中南城市群、山东半岛城市群、海峡西岸城市群、中原城市群、长江中游城市群、成渝城市群、关中城市群为研究对象,各城市群的所辖城市及所属省份见表 2-2。本书利用城市人口来衡量城市规模,而城市人口的指标又有户籍人口、常住人口和非农人口。在我国,经济差异导致人口流动成为社会常态,常住人口与户籍人口存在较大差别。而非农人口尽管大部分都是城镇人口,但也包括部分居住在农村的居民。因此,用户籍人口和非农人口作为指标来衡量城市规模都存在一定的偏误,通常用常住人口来反映城市规模(梁琦等,2013)。结合数据的可得性,本书采用市辖区人口作为城市规模的衡量指标。鉴于县级市的市辖区常住人口数量获取困难,现阶段只能获得该县级市的全部常住人口,因此,我们剔除了中原城市群的济源市以及长江中游城市群的仙桃、潜江、天门市①。

表 2-2　全书研究范围界定

地区	城市群	城市	所属省级行政单位
东部地区	长三角城市群	上海	上海市
		南京、无锡、常州、苏州、南通、盐城、扬州、镇江、泰州	江苏省
		杭州、宁波、嘉兴、湖州、绍兴、金华、舟山、台州	浙江省
		合肥、芜湖、马鞍山、铜陵、安庆、滁州、池州、宣城	安徽省

---

① 该处理对本章整体结果可忽略不计。

（续表）

地区	城市群	城市	所属省级行政单位
东部地区	珠三角城市群	广州、深圳、东莞、佛山、中山、珠海、惠州、江门、肇庆	广东省
	京津冀城市群	北京	北京市
		天津	天津市
		石家庄、保定、唐山、沧州、廊坊、张家口、承德、秦皇岛、邢台、衡水、邯郸	河北省
		安阳	河南省
	海峡西岸城市群	福州、厦门、莆田、三明、泉州、漳州、南平、龙岩、宁德	福建省
		温州、衢州、丽水	浙江省
		鹰潭、赣州、抚州、上饶	江西省
		汕头、梅州、潮州、揭阳	广东省
	山东半岛城市群	济南、青岛、潍坊、烟台、淄博、威海、日照、东营	山东省
	辽中南城市群	沈阳、大连、鞍山、营口、抚顺、铁岭、丹东、盘锦、本溪、辽阳	辽宁省
中部地区	中原城市群	郑州、洛阳、许昌、平顶山、新乡、开封、焦作、漯河、济源	河南省
	长江中游城市群	武汉、黄石、宜昌、襄阳、鄂州、荆门、孝感、荆州、黄冈、咸宁、仙桃、潜江、天门	湖北省
		长沙、株洲、湘潭、衡阳、岳阳、常德、益阳、娄底	湖南省
		南昌、景德镇、萍乡、九江、新余、鹰潭、吉安、宜春、抚州、上饶	江西省
西部地区	成渝城市群	重庆	重庆市
		成都、宜宾、南充、绵阳、乐山、德阳、泸州、眉山、遂宁、自贡、内江、广安、资阳、雅安、达州	四川省
	关中城市群	西安、咸阳、宝鸡、渭南、商洛、铜川	陕西省

资料来源：作者整理。

第二节 我国城市群的发展现状研究

一、长三角城市群

2010 年 5 月,《长江三角洲地区区域规划》正式批准实施,该规划明确将长江三角洲的范围定为江浙沪皖 3 省 1 市,从国家层面正式确立了长江三角洲的战略发展地位。长江三角洲是全球最具竞争力的城市群之一,是全世界的主要制造业和服务业集聚中心,也是亚太地区最重要的国际门户之一。长三角城市群以上海为中心,以苏州、无锡、常州、杭州等为次中心,地域范围涵盖上海、浙江省、江苏省和安徽省。长三角城市群的国土面积达到了 21.17 万平方千米,约占全国的 2.2%。长三角城市群包括上海市,江苏省的南京、无锡、常州、苏州、南通、盐城、扬州、镇江、泰州市,浙江省的杭州、宁波、嘉兴、湖州、绍兴、金华、舟山、台州市,安徽省的合肥、芜湖、马鞍山、铜陵、安庆、滁州、池州、宣城市,共 26 个城市。2019 年长三角城市群各城市的基本情况统计见表 2-3。

表 2-3 2019 年长三角城市群基本情况统计表

城市市区	人口(万人)		土地面积(平方千米)		全市 GDP (万元)	三产比例(全市)
	全市	市辖区	市辖区面积	建成区面积		
上海市	1 466	1 466	6 341	1 899	381 560 000	0.27：26.99：72.73
南京市	703	703	6 587	802	140 310 000	2.05：35.93：62.02
无锡市	500	266	1 644	300	118 520 000	1.03：47.48：51.48
常州市	384	305	2 838	273	74 010 000	2.12：47.69：50.19
苏州市	713	369	4 653	476	192 360 000	1.02：47.46：51.51
南通市	761	215	2 140	238	93 830 000	4.57：49.05：46.39
盐城市	823	244	5 131	163	57 020 000	10.87：41.59：47.54
扬州市	458	233	2 349	178	58 500 000	5.01：47.49：47.51
镇江市	270	103	1 088	145	41 270 000	3.4：48.58：48.03
泰州市	502	164	1 568	141	51 330 000	5.7：49.21：45.1
杭州市	785	646	8 292	612	153 730 000	2.12：31.71：66.17

(续表)

城市市区	人口(万人)		土地面积(平方千米)		全市 GDP (万元)	三产比例(全市)
	全市	市辖区	市辖区面积	建成区面积		
宁波市	606	298	3 730	397	119 850 000	2.69∶48.25∶49.06
嘉兴市	362	93	987	134	53 700 000	2.25∶53.87∶43.89
湖州市	267	112	1 565	125	31 220 000	4.29∶51.1∶44.63
绍兴市	448	223	2 965	244	57 810 000	3.6∶47.93∶48.46
金华市	490	99	2 049	108	45 600 000	3.2∶40.2∶56.6
舟山市	97	72	1 036	56	13 720 000	10.67∶34.66∶54.64
台州市	606	163	1 680	135	51 340 000	5.49∶45.58∶48.93
合肥市	764	286	1 339	464	94 090 000	3.1∶36.3∶60.6
芜湖市	389	151	1 491	178	36 180 000	4.05∶48.56∶47.4
马鞍山市	229	82	733	94	21 110 000	4.46∶48.95∶46.59
铜陵市	171	82	1 519	74	9 600 000	5.49∶46.33∶48.19
安庆市	529	74	810	127	23 810 000	9.08∶44.92∶45.98
滁州市	455	56	1 405	92	29 090 000	8.57∶49.08∶42.35
池州市	162	67	2 539	41	8 320 000	10.08∶44.15∶45.73
宣城市	279	86	2 585	62	15 610 000	9.6∶47.3∶43.12

注:所有数据均是根据国研网相关统计数据(2019)整理而得。

2019 年,长三角城市群中 GDP 最高的城市是上海,达到了 381 560 000 万元,GDP 最低的城市是池州,只有 8 320 000 万元,上海的 GDP 总量是池州的 46 倍。2014 年上海市的总人口为 1 466 万人,池州的总人口是 162 万人,上海的人口仅是池州的 9 倍。由此计算,2019 年,上海市的人均 GDP 达到了 260 273 元,池州市的人均 GDP 仅有 51 358 元,上海市的人均 GDP 大约是池州市的 5 倍。

2019 年,盐城市的第一产业占比最高,为 10.87%,占比最低的是上海,只占 0.27%;嘉兴市的第二产业占比最高,达到 53.87%,占比最低的是上海市,仅有 26.99%;上海市的第三产业占比最高,为 72.73%,占比最低的是滁州市,为 42.35%。

二、珠三角城市群

珠三角是我国三大城市群(长三角城市群、珠三角城市群和京津冀城市群)之一,也是我国城市化率最高、经济发展最活跃的城市群。珠三角城市群的所辖城市均在广东省,因此,在资源协调整合方面,珠三角城市群比长三角城市群和京津冀城市群有着天然的优势,这使得珠三角城市群可以更好地规划和整合资源,发挥每个城市的优势,加强城市的相互联系和分工,促进城市群整体空间结构的优化和经济效率的增长。珠三角城市群包括广东省的广州、深圳、珠海、佛山、惠州、东莞、中山、江门、肇庆市,共 9 个城市。2019 年珠三角城市群各城市的基本情况统计见表 2-4。

表 2-4　2019 年珠三角城市群基本情况统计表

城市市区	人口(万人)		土地面积(平方千米)		全市 GDP（万元）	三产比例(全市)
	全市	市辖区	市辖区面积	建成区面积		
广州市	941	941	7 434	1 324	236 290 000	1.06∶27.31∶71.62
深圳市	526	526	1 997	928	269 270 000	0.09∶38.93∶60.93
珠海市	130	130	1 736	153	34 360 000	1.67∶44.49∶53.84
佛山市	449	449	3 798	161	107 510 000	1.46∶56.22∶42.32
江门市	400	146	1 786	158	31 470 000	8.08∶42.98∶48.93
肇庆市	452	145	2 989	130	22 490 000	17.16∶41.15∶41.68
惠州市	385	168	2 697	286	41 770 000	4.92∶51.93∶43.16
东莞市	241	198	2 460	957	94 820 000	0.3∶56.54∶43.16
中山市	183	160	1 784	149	31 010 000	2.02∶49.08∶48.91

注:所有数据均是根据国研网相关统计数据(2019)整理而得。

2019 年,珠三角城市群中 GDP 最高的城市是深圳,达到了269 270 000万元,GDP 最低的城市是肇庆,只有22 490 000万元,深圳的 GDP 总量是肇庆的 9 倍。2019 年深圳市的总人口为 526 万人,肇庆的总人口是 452 万人。由此计算,2019 年,深圳市的人均 GDP 达到了511 920.15元,肇庆市的人均 GDP 仅有49 756.64元,深圳市的人均 GDP 大约是肇庆市的10.3 倍。

2019 年,肇庆市的第一产业占比最高,为 17.16%,占比最低的是深圳,只占 0.09%;东莞市的第二产业占比最高,达到 56.54%,占比最低的是广州市,仅有 27.31%;广州市的第三产业占比最高,为 71.62%,占比最低的是肇庆市,为 41.68%。

三、京津冀城市群

京津冀城市群的概念源自京津冀工业基地,现在已经成为我国北方经济的重要区域。京津冀城市群的未来发展规划是要成为以首都为中心的世界级城市群、我国区域协调发展的重要引领区域、我国创新经济增长的引擎区域以及保护环境文明发展的示范区。京津冀城市群涉及一省两直辖市,北京市的作用定位是全国的政治、文化、国际交往和科技发展中心。天津市的作用定位是北方的国际航运枢纽、金融创新和营运示范区、改革开放试验区和全国制造业研发基地。河北省的作用地位是产业转型升级示范区、新型城镇化与城乡一体化改革区、全国现代商贸物流重要枢纽和京津冀环境质量支撑区。京津冀城市群包括北京、天津市,河北省的石家庄、保定、唐山、沧州、廊坊、张家口、承德、秦皇岛、邢台、衡水、邯郸市,河南的安阳市,共 14 个城市。2019 年京津冀城市群各城市的基本情况统计见表 2-5。

表 2-5　2019 年京津冀城市群基本情况统计表

城市市区	人口(万人)		土地面积(平方千米)		全市 GDP (万元)	三产比例(全市)
	全市	市辖区	市辖区面积	建成区面积		
北京市	1 387	1 387	16 410	1 469	353 710 000	0.32：16.16：83.52
天津市	1 087	1 087	11 967	1 151	141 040 000	1.31：35.23：63.46
石家庄市	1 049	424	2 240	309	58 100 000	7.74：31.53：60.74
唐山市	757	335	4 181	249	68 900 000	7.71：52.44：39.85
秦皇岛市	301	146	2 132	142	16 120 000	12.8：32.89：54.31
邯郸市	1 059	381	2 663	188	34 860 000	9.82：44.59：45.59
邢台市	799	91	135	108	21 200 000	13.37：39.3：47.33
保定市	1 211	289	2 565	199	37 720 000	11.75：34.95：53.3
张家口市	465	156	4 373	101	15 510 000	15.72：28.72：55.57
承德市	382	60	1 253	78	14 710 000	20.26：33.21：46.53

（续表）

城市市区	人口（万人）		土地面积（平方千米）		全市 GDP （万元）	三产比例（全市）
	全市	市辖区	市辖区面积	建成区面积		
沧州市	785	58	200	87	35 880 000	8.16∶39.86∶51.98
廊坊市	481	88	292	71	31 960 000	6.65∶32.92∶60.44
衡水市	457	101	1 520	76	15 050 000	14.4∶32.7∶52.9
安阳市	628	119	637	88	22 290 000	8.88∶44.79∶46.34

注：所有数据均是根据国研网相关统计数据（2019）整理而得。

2019 年，京津冀城市群中 GDP 最高的城市是北京，达到了 353 710 000 万元，GDP 最低的城市是承德，只有 14 710 000 万元。北京的 GDP 总量是承德的 24 倍。2019 年北京市的总人口为 1 387 万人，承德的总人口是 382 万人。由此计算，2019 年，北京市的人均 GDP 达到了 255 018 元，承德市的人均 GDP 仅有 38 507.85 元，北京市的人均 GDP 大约是承德市的 6.2 倍。

2019 年，承德市的第一产业占比最高，为 20.26%，占比最低的是北京，只占 0.32%；唐山市的第二产业占比最高，达到 52.44%，占比最低的是北京市，仅有 16.16%；北京市的第三产业占比最高，为 83.52%，占比最低的是唐山市，为 39.85%。

四、海峡西岸城市群

海峡西岸城市群包括福建省的福州、厦门、莆田、三明、泉州、漳州、南平、龙岩、宁德市，浙江省的温州、衢州、丽水市，江西省的鹰潭、赣州、抚州、上饶市，广东省的汕头、梅州、潮州、揭阳市，共 20 个城市。2019 年海峡西岸城市群各城市的基本情况统计见表 2 - 6。

表 2 - 6　2019 年海峡西岸城市群基本情况统计表

城市市区	人口（万人）		土地面积（平方千米）		全市 GDP （万元）	三产比例（全市）
	全市	市辖区	市辖区面积	建成区面积		
温州市	831	173	1 332	268	66 060 000	2.3∶42.57∶55.14

（续表）

城市市区	人口(万人)		土地面积(平方千米)		全市 GDP (万元)	三产比例(全市)
	全市	市辖区	市辖区面积	建成区面积		
衢州市	258	85	2 354	78	15 740 000	5.5：41.37：53.11
丽水市	270	42	1 493	42	14 770 000	6.77：38.68：54.52
福州市	706	287	1 756	301	93 920 000	5.61：40.79：53.61
厦门市	252	252	1 701	398	59 950 000	0.44：41.6：57.96
莆田市	362	244	2 290	99	25 950 000	4.77：53.1：42.15
三明市	289	29	1 151	40	26 020 000	11.65：53.92：34.42
泉州市	758	117	855	245	99 470 000	2.2：58.86：38.93
漳州市	522	64	377	69	47 420 000	10.14：48.82：41.03
南平市	320	86	6 036	49	19 920 000	15.83：41.73：42.41
龙岩市	318	106	4 901	74	26 790 000	10.76：45.46：43.77
宁德市	355	51	1 509	42	24 520 000	12.78：51.22：35.99
鹰潭市	129	64	1 067	55	9 410 000	6.88：52.76：40.39
赣州市	982	230	5 324	190	34 740 000	10.83：39.38：49.79
抚州市	432	171	3 394	102	15 110 000	14.24：37.98：47.77
上饶市	791	228	3 887	103	25 130 000	10.88：38.95：50.17
汕头市	571	563	2 085	296	26 940 000	4.49：47.5：48.01
梅州市	547	97	3 047	65	11 870 000	18.45：31.25：50.31
潮州市	276	169	1 414	118	10 810 000	9.16：48.88：41.96
揭阳市	706	212	1 047	152	21 020 000	8.88：38.96：52.15

注：所有数据均是根据国研网相关统计数据(2019)整理而得。

2019年,海峡西岸城市群中GDP最高的城市是泉州,达到了99 470 000万元,GDP最低的城市是鹰潭,只有9 410 000万元。泉州的GDP总量是鹰潭的10.57倍。2019年泉州市的总人口为758万人,鹰潭的总人口是129万人。由此计算,2019年,泉州市的人均GDP达到了131 226.91元,鹰潭市的人均GDP则有72 945.74元,泉州市的人均GDP大约是鹰潭市的1.8倍。

2019年,梅州市的第一产业占比最高,为18.45%,占比最低的是厦门,只占0.44%;泉州市的第二产业占比最高,达到58.86%,占比最低的是梅州市,仅有

31.25%;厦门市的第三产业占比最高,为57.96%,占比最低的是三明市,为34.42%。

五、山东半岛城市群

山东半岛城市群以济南和青岛为中心,是我国北方重要的城市密集区域,是山东省经济发展的重要基地。地理位置处于环渤海区域,黄河中下游的出海口,因此,山东半岛城市群是我国距日本、韩国最近的城市群,是我国加入东北亚合作的重要区域。山东半岛城市群的经济发展水平较高,交通基础设施较为完善,产业的基础也比较雄厚。山东半岛城市群包括山东省的济南、青岛、潍坊、烟台、淄博、威海、日照、东营市,共8个城市。2019年山东半岛城市群各城市的基本情况统计见表2-7。

表 2-7　2019 年山东半岛城市群基本情况统计表

城市市区	人口(万人)		土地面积(平方千米)		全市 GDP (万元)	三产比例(全市)
	全市	市辖区	市辖区面积	建成区面积		
济南市	791	686	8 367	716	94 430 000	3.63∶34.58∶61.79
青岛市	824	380	5 226	758	117 410 000	3.49∶35.63∶60.89
淄博市	434	289	2 989	288	36 420 000	4.09∶49.92∶45.99
东营市	197	113	5 777	153	29 160 000	5∶57.45∶37.56
烟台市	654	193	2 741	339	76 530 000	7.19∶41.62∶51.19
潍坊市	916	195	2 646	180	56 890 000	9.1∶40.27∶50.62
威海市	257	137	2 607	199	29 640 000	9.74∶40.36∶49.89
日照市	307	140	2 056	116	19 490 000	8.61∶42.68∶48.73

注:所有数据均是根据国研网相关统计数据(2019)整理而得。

2019年,山东半岛城市群中GDP最高的城市是青岛,达到了117 410 000万元,GDP最低的城市是日照,只有19 490 000万元,青岛的GDP总量是日照的6倍。2019年青岛市的总人口为824万人,日照的总人口是307万人。由此计算,2019年,青岛市的人均GDP达到了142 487.86元,日照市的人均GDP仅有63 485.34元,青岛市的人均GDP大约是日照市的2.24倍。

2019年,威海市的第一产业占比最高,为9.74%,占比最低的是青岛,只占3.49%;东营市的第二产业占比最高,达到57.45%,占比最低的是济南市,仅有34.58%;济南市的第三产业占比最高,为61.79%,占比最低的是东营市,为37.56%。

六、辽中南城市群

辽中南城市群以沈阳和大连为中心,具体包括10个城市,分别是沈阳市、大连市、营口市、鞍山市、本溪市、抚顺市、铁岭市、盘锦市、丹东市和辽阳市。其中,沈阳的作用地位是东北地区重要的经济、文化、交通和信息中心,是全国最大的重工业基地。大连的作用定位是东北亚地区的国际航运枢纽,是东北地区最大的港口城市,拥有东北地区最大的对外贸易口岸,同时也是著名的旅游城市。2019年辽中南城市群各城市的基本情况统计见表2-8。

表2-8 2019年辽中南城市群基本情况统计表

城市市区	人口(万人)		土地面积(平方千米)		全市GDP（万元）	三产比例(全市)
	全市	市辖区	市辖区面积	建成区面积		
沈阳市	751	607	5 116	563	64 700 000	4.39:33.67:61.94
大连市	597	403	5 539	444	70 020 000	6.55:39.99:53.46
鞍山市	341	147	792	175	17 450 000	6.01:42.74:51.27
抚顺市	208	136	1 368	142	8 470 000	6.67:49.33:44.01
本溪市	145	88	1 519	109	7 810 000	6.65:47.77:45.59
丹东市	234	78	941	85	7 680 000	18.91:25:56.09
营口市	231	94	859	180	13 280 000	8.15:45.27:46.59
辽阳市	175	85	1 111	107	8 310 000	9.71:47.35:42.94
铁岭市	290	42	652	70	6 400 000	24.16:27.98:47.87
盘锦市	130	102	2 067	107	12 810 000	7.89:53.62:38.49

注:所有数据均是根据国研网相关统计数据(2019)整理而得。

2019年,辽中南城市群中GDP最高的城市是大连,达到了70 020 000万元,GDP最低的城市是铁岭,只有6 400 000万元,大连的GDP总量是铁岭的

10.94倍。2019年大连市的总人口为597万人,铁岭的总人口是290万人。由此计算,2019年,大连市的人均GDP达到了117 286.43元,铁岭市的人均GDP仅有22 068.97元,大连市的人均GDP大约是铁岭市的5.3倍。

2019年,铁岭市的第一产业占比最高,为24.16%,占比最低的是沈阳,只占4.39%;抚顺市的第二产业占比最高,达到49.33%,占比最低的是铁岭市,仅有27.98%;沈阳市的第三产业占比最高,为61.94%,占比最低的是盘锦市,为38.49%。

七、中原城市群

中原城市群处于我国的中部,是中部地区规模最大、人口密度最高、经济一体化程度最高的城市群。中原城市群是中部地区承载我国东部地区及发达国家产业转移和向西部地区进行资源输出的重要枢纽和核心区域。中原城市群所辖城市均属于河南省,具体包括郑州、洛阳、平顶山、许昌、焦作、新乡、漯河、开封、济源市[①],共9个城市。2019年中原城市群各城市的基本情况统计见表2-9。

表 2-9　2019 年中原城市群基本情况统计表

城市市区	人口(万人)		土地面积(平方千米)		全市 GDP (万元)	三产比例(全市)
	全市	市辖区	市辖区面积	建成区面积		
郑州市	873	390	1 010	581	115 900 000	1.22∶39.84∶58.95
开封市	561	172	1 816	177	23 640 000	13.46∶40.15∶46.39
洛阳市	743	208	879	218	50 350 000	4.87∶46.29∶48.84
平顶山市	570	111	443	73	23 730 000	7.32∶46.04∶46.62
新乡市	660	109	432	126	29 180 000	8.69∶45.87∶45.44
焦作市	373	98	578	117	27 610 000	5.42∶53.61∶40.97
许昌市	510	134	1 099	124	28 310 000	5.24∶57.75∶37
漯河市	268	135	1 020	70	15 780 000	8.73∶46.26∶45.04

注:所有数据均是根据国研网相关统计数据(2019)整理而得。

---

① 鉴于县级市的市辖区常住人口数量获取困难,现阶段只能获得该县级市的全部常住人口,因此,我们剔除了中原城市群的济源市,该处理对本章整体结论可忽略不计。

2019 年,中原城市群中 GDP 最高的城市是郑州,达到了 115 900 000 万元,GDP 最低的城市是漯河,只有 15 780 000 万元,郑州的 GDP 总量是漯河的 7.34 倍。2 019 年郑州市的总人口为 873 万人,漯河的总人口是 268 万人。由此计算,2 019 年,郑州市的人均 GDP 达到了 132 760.6 元,漯河市的人均 GDP 仅有 58 880.6 元,郑州市的人均 GDP 大约是漯河市的 2 倍。

2019 年,开封市的第一产业占比最高,为 13.46%,占比最低的是郑州,只占 1.22%;许昌市的第二产业占比最高,达到 57.75%,占比最低的是郑州市,仅有 39.84%;郑州市的第三产业占比最高,为 58.95%,占比最低的是焦作市,为 40.97%。

八、长江中游城市群

长江中游城市群包括湖北省的武汉、黄石、宜昌、襄阳、鄂州、荆门、孝感、荆州、黄冈、咸宁、仙桃、潜江、天门市,湖南省的长沙、株洲、湘潭、衡阳、岳阳、常德、益阳、娄底市,江西省的南昌、景德镇、萍乡、九江、新余、鹰潭、吉安、宜春、抚州、上饶市,共 31 个城市[①]。2019 年长江中游城市群各城市的基本情况统计见表 2-10。

表 2-10　2019 年长江中游城市群基本情况统计表

| 城市市区 | 人口(万人) | | 土地面积(平方千米) | | 全市 GDP（万元） | 三产比例(全市) |
	全市	市辖区	市辖区面积	建成区面积		
南昌市	534	313	2 777	297	55 960 000	3.8：47.42：48.78
景德镇市	171	48	430	101	9 260 000	6.62：44.23：49.16
萍乡市	200	88	1 070	52	9 300 000	7.32：44.5：48.18
九江市	524	101	1 366	154	31 210 000	6.79：48.38：44.83
新余市	119	87	1 789	82	9 720 000	6.45：46.64：46.86
鹰潭市	129	64	1 067	55	9 410 000	6.88：52.76：40.39
吉安市	540	60	1 341	60	20 850 000	10.28：45.34：44.4
宜春市	604	117	2 538	88	26 880 000	11.03：42.28：46.67

---

① 鉴于县级市的市辖区常住人口数量获取困难,现阶段只能获得该县级市的全部常住人口,因此,仅剔除了长江中游城市群的仙桃、潜江、天门市。该处理对本章整体结论可忽略不计。

（续表）

城市市区	人口（万人）		土地面积（平方千米）		全市GDP（万元）	三产比例（全市）
	全市	市辖区	市辖区面积	建成区面积		
抚州市	432	171	3 394	102	15 110 000	14.24：37.98：47.77
上饶市	791	228	3 887	103	25 130 000	10.88：38.95：50.17
武汉市	895	895	8 569	812	162 230 000	2.34：36.92：60.75
黄石市	273	134	237	82	17 670 000	5.88：50.96：43.18
宜昌市	391	127	4 234	179	44 610 000	9.33：46.05：44.62
襄阳市	591	228	3 671	206	48 130 000	9.33：48.39：42.27
鄂州市	107	107	1 596	36	11 400 000	8.81：48.27：42.92
荆门市	292	59	2 391	66	20 340 000	11.94：47.27：40.78
孝感市	516	96	1 018	93	23 010 000	13.49：42.73：43.8
荆州市	639	109	1 576	94	25 160 000	17.27：37.11：45.63
黄冈市	739	35	362	59	23 230 000	17.35：37.73：44.91
咸宁市	305	63	1 503	73	15 950 000	12.54：44.19：43.27
长沙市	734	360	2 151	484	115 740 000	3.11：38.36：58.54
株洲市	402	132	1 915	155	30 030 000	7.35：45.25：47.41
湘潭市	289	86	656	80	22 580 000	6.42：49.3：44.27
衡阳市	799	101	698	137	33 730 000	11.27：32.36：56.36
岳阳市	569	111	1 413	114	37 800 000	10.07：40.37：49.58
常德市	605	141	2 752	105	36 240 000	10.92：40.36：48.72
益阳市	475	135	1 851	87	17 920 000	15.64：42.6：41.79
娄底市	455	62	628	60	16 410 000	10.63：38.55：50.79

注：所有数据均是根据国研网相关统计数据（2019）整理而得。

2019年，长江中游城市群中GDP最高的城市是武汉，达到了162 230 000万元，GDP最低的城市是景德镇，只有9 260 000万元。武汉的GDP总量是鹰潭的17.5倍。2019年武汉市的总人口为895万人，鹰潭的总人口是171万人。由此计算，2019年，武汉市的人均GDP达到了181 263元，鹰潭市的人均GDP仅有54 152元，武汉市的人均GDP大约是鹰潭市的3.35倍。

2019年，黄冈市的第一产业占比最高，为17.35%，占比最低的是武汉，只占

2.34%;鹰潭市的第二产业占比最高,达到52.76%,占比最低的是衡阳市,仅有32.36%;武汉市的第三产业占比最高,为60.75%,占比最低的是鹰潭市,为40.39%。

九、成渝城市群

成渝城市群是我国推进新型城镇化的重要示范区,也是实现西部大开发的重点基地。成渝城市群包括重庆市,四川省的成都、南充、宜宾、绵阳、乐山、眉山、德阳、泸州、自贡、遂宁、内江、广安、雅安、资阳、达州市,共16个城市。2019年成渝城市群各城市的基本情况统计见表2-11。

表 2-11   2019 年成渝城市群基本情况统计表

城市市区	人口(万人)		土地面积(平方千米)		全市 GDP (万元)	三产比例(全市)
	全市	市辖区	市辖区面积	建成区面积		
重庆市	3 410	2 472	43 263	1 515	236 060 000	6.57∶40.23∶53.2
成都市	1 488	864	3 677	950	170 130 000	3.6∶30.83∶65.57
自贡市	321	148	1 434	128	14 280 000	14.17∶40.11∶45.76
泸州市	509	152	2 133	172	20 810 000	10.43∶49.1∶40.48
德阳市	386	94	1 096	93	23 360 000	10.04∶50.7∶39.25
绵阳市	534	174	2 751	163	28 560 000	10.59∶40.31∶49.1
遂宁市	364	147	1 874	85	13 460 000	13.76∶45.71∶40.51
内江市	410	139	1 569	90	14 330 000	16.78∶34.19∶49.05
乐山市	350	116	2 506	78	18 630 000	13.03∶43.03∶43.95
南充市	726	194	2 527	153	23 220 000	17.41∶40.38∶42.22
眉山市	343	120	1 798	67	13 800 000	14.43∶38.2∶47.38
宜宾市	552	230	4 775	152	26 020 000	10.67∶50.3∶39.02
广安市	461	126	1 533	37	12 500 000	16.35∶32.88∶50.81
达州市	573	187	3 134	88	20 420 000	16.89∶34.59∶48.5
雅安市	153	62	1 681	41	7 240 000	17.69∶31.38∶50.9
资阳市	344	107	1 633	51	7 780 000	18.26∶30.55∶51.17

注:所有数据均是根据国研网相关统计数据(2019)整理而得。

2019 年,成渝城市群中 GDP 最高的城市是重庆,达到了236 060 000万元,GDP 最低的城市是雅安,只有7 240 000万元。重庆的 GDP 总量是雅安的32.6倍。2019年重庆市的总人口为3 410万人,雅安的总人口是 153 万人。由此计算,2019年,重庆市的人均 GDP 达到了69 225.8元,雅安市的人均 GDP 仅有47 320元,重庆市的人均 GDP 大约是雅安市的 1.5 倍。

2019 年,资阳市的第一产业占比最高,为 18.26％,占比最低的是成都,只占 3.6％;德阳市的第二产业占比最高,达到50.7％,占比最低的是资阳市,仅有30.55％;成都市的第三产业占比最高,为 65.57％,占比最低的是宜宾市,为39.02％。

十、关中城市群

关中城市群包括陕西省的西安、咸阳、宝鸡、渭南、商洛、铜川市,共 6 个城市。关中城市群拥有我国西部地区唯一的星火科技产业带和高新技术产业开发带,是整个西部地区的比较优势地区,人口高度密集,文化繁荣发展,经济发展潜力巨大。2019 年关中城市群各城市的基本情况统计见表 2-12。

表 2-12　2019 年关中城市群基本情况统计表

城市市区	人口(万人)		土地面积(平方千米)		全市 GDP (万元)	三产比例(全市)
	全市	市辖区	市辖区面积	建成区面积		
西安市	940	773	5 807	701	93 210 000	2.99：33.98：63.03
铜川市	79	70	2 406	49	3 550 000	7.54：36.8：55.58
宝鸡市	378	139	3 625	97	22 240 000	8.04：57.28：34.68
咸阳市	459	55	146	73	21 950 000	13.86：46.09：40.07
渭南市	530	91	1 264	81	18 280 000	17.78：37.17：45.07
商洛市	250	56	2 672	26	8 370 000	12.35：45.03：42.64

注：所有数据均是根据国研网相关统计数据(2019)整理而得。

2019 年,关中城市群中 GDP 最高的城市是西安,达到了93 210 000万元,GDP 最低的城市是铜川,只有3 550 000万元。西安的 GDP 总量是铜川的 26倍。2019年西安市的总人口为 940 万人,铜川的总人口是 79 万人。由此计算,

2019年,西安市的人均 GDP 达到了99 160元,铜川市的人均 GDP 仅有44 937元,西安市的人均 GDP 大约是铜川市的2.2倍。

2019 年,渭南市的第一产业占比最高,为 17.78%,占比最低的是西安,只占 2.99%;宝鸡市的第二产业占比最高,达到 57.28%,占比最低的是西安市,仅有 33.98%;西安市的第三产业占比最高,为 63.03%,占比最低的是宝鸡市,为 34.68%。

第三节　我国城市群发展现状的比较分析

人均 GDP 是衡量一个地区经济发展水平最直接有效的指标。为消除物价因素的影响,以 2003 年为基期,按照所属城市的地区生产总值指数生成实际人均 GDP,得到 2012—2019 年各城市群实际人均 GDP(见表 2-13)。

表 2-13　我国十大城市群经济发展水平演变趋势:基于实际人均 GDP 的测度

单位:元

		2012	2013	2014	2015	2016	2017	2018	2019
东部地区	长三角	39 017	43 258	47 689	53 472	56 855	62 127	67 348	72 426
	珠三角	72 463	80 183	87 384	97 179	106 739	115 754	126 370	139 394
	京津冀	23 805	26 086	29 042	32 547	36 121	39 485	42 756	44 982
	海峡西岸	18 191	20 277	22 489	25 248	28 370	31 245	34 315	37 277
	山东半岛	38 307	43 255	48 662	54 949	61 087	67 391	73 923	80 641
	辽中南	34 195	39 653	45 666	52 697	59 442	65 575	71 502	76 962
	东部平均	37 663	42 119	46 822	52 682	58 102	63 596	69 369	75 280
中部地区	中原	16 468	18 362	20 256	21 510	23 936	26 236	29 682	31 607
	长江中游	14 050	15 901	17 971	20 440	23 144	25 773	28 547	30 917
	中部平均	15 259	17 132	19 114	20 975	23 540	26 005	29 114	31 262
西部地区	成渝	11 440	12 786	14 585	16 811	19 326	22 003	24 480	26 610
	关中	11 855	13 616	15 458	17 629	19 943	22 510	24 960	27 703
	西部平均	11 648	13 201	15 021	17 220	19 635	22 257	24 720	27 157

注:所有数据均是根据国研网相关统计数据(2012—2019)整理而得。

从总体看,十大城市群的经济发展水平在 2012—2019 年不断增长,长三角城市群 2012 年的人均 GDP 是 39 017 元,2019 年长三角城市群的人均 GDP 达到了 72 426 元,增长率高达 85.6%;珠三角城市群 2012 年的人均 GDP 为 72 463 元,2019 年珠三角城市群的人均 GDP 增加到 139 394 元,增长了 92.4%;京津冀城市群在 2012 年的人均 GDP 是 23 805 元,2019 年京津冀城市群的人均 GDP 上升到 44 982 元,增加了 89%;海峡西岸城市群 2012 年的人均 GDP 是 18 191 元,2019 年海峡西岸的人均 GDP 达到了 37 277 元,增长了 105%;山东半岛城市群 2012 年的人均 GDP 为 38 307 元,2019 年山东半岛城市群的人均 GDP 增加到 80 641 元,增长幅度高达 111%;辽中南城市群 2012 年的人均 GDP 是 34 195 元,2019 年辽中南城市群的人均 GDP 增长到 76 962 元,上升幅度为 125%;中原城市群 2012 年的人均 GDP 是 16 468 元,2019 年中原城市群的人均 GDP 增加到 31 607 元,增长了 92%;长江中游城市群 2012 年的人均 GDP 为 14 050 元,2019 年长江中游城市群的人均 GDP 达到了 30 917 元,增加了 120%;成渝城市群 2012 年的人均 GDP 是 11 440 元,2019 年成渝城市群的人均 GDP 上升到 26 610 元,上升了 133%;关中城市群 2012 年的人均 GDP 为 11 855 元,2019 年关中城市群的人均 GDP 增长到 27 703 元,增长率为 134%。

因此,剔除物价因素的影响,我国十大城市群在 2012—2019 年的实际人均 GDP 都在高速增长。按绝对值排名,2019 年珠三角城市群的人均 GDP 最高,成渝城市群的人均 GDP 最低;按 2012—2019 年的人均 GDP 增长率排名,关中城市群的人均 GDP 增长最快,京津冀城市群的增长率最低。

从三大区域比较来看,2012—2019 年,我国东部地区城市群的人均 GDP 远高于中部地区城市群,中部地区城市群的人均 GDP 又高于西部地区城市群。也就是说,三大区域城市群的经济发展水平由东向西逐渐下降。2012 年,东部地区城市群的人均 GDP 均值为 37 663 元,中部地区的城市群是 15 259 元,西部地区的城市群仅有 11 648 元。2019 年,东部地区城市群的人均 GDP 均值增加到 75 280 元,中部地区的城市群是 31 262 元,西部地区的城市群只达到 27 157 元。

值得注意的是,如果考虑到人均 GDP 的增长率,那么,2012—2019 年,东部地区城市群的人均 GDP 增长率为 100%,西部地区城市群的人均 GDP 增长率是105％,而西部地区城市群的人均GDP增长率达到了133％。由此可见,我国城市群的人均GDP增长率由东向西依次上升(见表2-14)。

表2-14　2012—2019年我国三大区域城市群人均GDP及增长率

单位:元

区域	2012年	2019年	2012—2019年增长率
东部地区	37 663	75 280	100％
中部地区	15 259	31 262	105％
西部地区	11 648	27 157	133％

注:所有数据均是根据国研网相关统计数据(2012—2019)整理而得。

第四节　本章小结

本章从国家规划、人口、产业结构、经济发展水平等方面综合考察和对比了我国东中西部城市群的发展情况,得出如下结论:

(1)城市群是我国推进城镇化的区域发展重心,优化城市群空间结构已然上升到国家战略的高度。我国东部地区的五大城市群——长三角城市群、珠三角城市群、京津冀城市群、辽中南城市群和山东半岛城市群,中部地区的两大城市群——中原城市群和长江中游城市群,西部地区的两大城市群——成渝城市群和关中城市群,已经成为我国经济发展的核心区域,吸引着大量人口集聚。

(2)各城市群所辖城市之间发展水平相差较大。一方面,在单一城市群内,各城市的经济发展水平相差较大。中心城市的经济发展水平往往比较高,处于城市群的经济发展中心地位。另一方面,城市群的中心城市往往产业结构比较高级,第三产业占比较高,城市有活力;而发展比较差的城市,往往第一产业的占比较高,城市发展动力不足。

(3)我国东中西部地区城市群的发展阶段不一。从人均GDP的绝对值来看,东部地区城市群要远高于中部地区,中部地区城市群又高于西部地区;从人均GDP的增长率来看,西部地区城市群的增长率要高于中部地区,中部地区城市群的增长率又高于东部地区。这表明,我国东部地区的城市群大多已经进入成熟的发展阶段,经济发展水平高且稳定,而中西部地区的城市群则仍处于向成熟阶段迈进的阶段,经济发展水平相对较低,但是发展的潜力较大。

第三章

序位—规模法则对城市群的适用性研究

第一节 本章的理论基础

1949 年之后的我国城市化发展过程,可以大致分为五个阶段:1949—1978 年,是城市化进程的第一阶段,这个阶段仍以计划经济为主,城市化的发展进程停滞不前,城市化发展程度远远落后于工业化发展程度;1979—1990 年,是城市化进程的第二阶段,这个阶段城市化发展的重心是中小城市,中小城市的发展力度加大,对大城市采取的态度是严格控制其规模;1990—2000 年,是城市化进程的第三个阶段,这个阶段城市化的发展理念是大中小城市协调发展,与此同时,东部地区的城市群开始进入初步发展阶段;2000—2010 年,是城市化进程的第四个阶段,在这个阶段,大城市得到空前发展,规模迅速扩张,与此同时,中西部城市群逐渐开始发展;2010—2030 年,是城市化进程的第五个阶段,在这个阶段,城市群作为城市化的主体形态,城市化进程加速推进。尽管中国的城市化道路可以大致被分为以上五个阶段,但是究竟是优先发展大城市,还是优先发展中小城市,一直备受争议。

从经济学的角度来看,集聚经济还是集聚不经济的问题决定了要优先发展大城市还是优先发展中小城市。1979—1990 年,是我国城市化进程的第二阶段。在这个阶段,我国城市化发展的重点是中小城市,但是中小城市由于集聚效应比较小,并没有达到预期的城市化目标。进入 90 年代中期,我国城市化进程开始加速发展,北京、上海、广州等城市进入了高速增长,城市规模迅速扩张,但是由此造成的一个后果是大城市病(诸如空气污染、交通堵塞和居住拥挤)开始凸显。因此,城市化的政策既不能完全倾向于发展中小城市,也不能一味发展大城市,而必须把从城市体系的角度,把所有城市看作一个整体,只有把城市体系作为城市化政策的主要关键词,才能真正实现大中小城市协调发展的城市体系结构,只有这样,中国的城市化进程才是健康的、可持续的。

当今世界,城市之间的竞争已不再是单个城市的竞争,而是一个区域内的城市集合和另一个区域内的城市集合之间的竞争。不同规模、类型的城市通过空间的聚集形成合力,增强了整体的竞争力,共同参与竞争(魏守华等,2013)。理论上,城市规模分布应当遵循序位—规模法则,那么,序位—规模法则是否适用于我国城市群?若我国城市群不遵循序位—规模法则,那么,就不能利用该法则对我国城市群的空间结构演变特征作进一步的分析,所以,检验序位—规模法则对于我国城市群的适用性至关重要。若我国城市群的城市规模分布服从序位—规模法则,就可以利用该法则对我国城市群的空间结构进行探讨和测度,从而展开本书后续的研究。

一、描述城市规模分布的帕累托分布

可以表示为:

$$N = kS^{-\alpha} \tag{3-1}$$

其中,S 为特定城市的人口规模,N 为超过人口规模 S 的城市数量,k 和 α 为常数。由于该分布反映了城市的序位和城市规模之间的关系,因而,也叫作序位—规模法则。

由式(3-1)可以推出城市规模的分布密度为:

$$n = aKS^{-\alpha-1} \tag{3-2}$$

由式(3-2)可以进一步推出城市密度的规模弹性为:

$$\frac{\mathrm{d}n}{\mathrm{d}S}\frac{S}{n} = -\alpha - 1 \tag{3-3}$$

二、城市序位—规模法则形成的理论基础

空间经济学家 Fujita(1999)指出:"尽管城市体系演化的规律非常明显,但是到目前为止,经济学界还无法对其作出合理的理论解释。"的确,经济学家们还没有达成解释城市序位—规模法则的统一共识,因此,对这一问题的解释成

为城市经济学的重要挑战。

(一)西蒙模型

西蒙模型(Simon,1955;Ijiri and Simon,1977)假设,一个城市的人口随时间的推移会产生不连续的增长,而且将人口的增长量称为"块"(Lumps)。同时,假定在任何一个时点上,以块衡量的人口规模为 P。假设城市规模既没有优势也没有劣势:一个城市只是简单地由块堆积而成,它的期望增长率与规模无关。当一个新块产生时,它会以概率 π 流到以前无人居住的地区去,创造出一个新城市。以 $1-\pi$ 的概率流入到现有的某个城市中去。任一城市得到下一个块的概率与其自身的人口数量成正比。

如果把一个块看成一个产业,西蒙模型则表明,在同一个城市里,所有产业生成其他产业的可能性是相同的,且与城市规模无关。假设城市规模的分布随时间变化而趋向稳定状态,即规模为 S 的城市数目 n_s 与人口规模之比趋向于一个常数。有三个原因会使 n_s/P 的值发生改变:①一个规模为 $S-1$ 的城市可能扩张一个块,就会使得 n_s 增加,总共有 n_{s-1} 个这样的城市,其中有一个城市产生这种扩张的概率为 $(1-\pi)(S-1)/P$;②一个规模为 S 的城市也可能会以 $(1-\pi)S/P$ 的概率扩张一个块,这会使 n_s 减少;③总人口增加,也会使 n_s/P 的值减少。

那么,当 P 增加时,n_s/P 的期望变化为:

$$\frac{E\mathrm{d}(n_s/P)}{\mathrm{d}P}=\frac{1}{P^2}\big[(1-\pi)(S-1)n_{s-1}-(1-\pi)Sn_s-n_s\big] \tag{3-4}$$

如果城市规模的分布随时间变化趋向于稳定状态,则有:

$$\frac{E\mathrm{d}(n_s/P)}{\mathrm{d}P}=0 \tag{3-5}$$

由式(3-5)可得:在稳定状态下,规模为 S 和 $S-1$ 的城市数目之比为:

$$\frac{n_s}{n_{s-1}}=\frac{(1-\pi)(S-1)}{(1-\pi)S+1} \tag{3-6}$$

将式(3-6)进一步变化,可得:

$$\frac{n_s-n_{s-1}}{n_{s-1}}=\frac{\pi-2}{(1-\pi)S+1} \tag{3-7}$$

当 S 很大时,

$$\frac{\mathrm{d}n/\mathrm{d}S}{n} \cong \frac{n_s - n_{s-1}}{n_{s-1}} = \frac{\pi - 2}{(1-\pi)S + 1} \tag{3-8}$$

进一步地,可以得到 n 对于 S 的弹性为:

$$\frac{\mathrm{d}n}{\mathrm{d}S}\frac{S}{n} = \frac{\pi - 2}{1 - \pi + 1/S} \cong \frac{\pi - 2}{1 - \pi} \tag{3-9}$$

对比式(3-3)和式(3-9),可得:

$$\alpha = -\frac{1}{1 - \pi} \tag{3-10}$$

城市规模分布的序位—规模法则得证。

(二)吉布莱特定律(Gibrat's Law)

巴斯(Gabaix,1997)假设,当城市规模在某个范围内变化时,城市人口的期望增长率和该增长率的变化都与城市规模无关,且期望增长率为 0。这样,城市规模的分布就是一个正态分布。这一稳态分布在一定的范围内可以近似模拟序位—规模法则,且指数为 1。考虑如下的例子:假设城市规模可以是 1,2,4,8,16,32,64;并假设除了最大和最小城市之外,每一个城市都有 1/3 的机会使人口翻倍,2/3 的机会使人口减半,那么,人口的期望增长率就是 0(最小城市人口以某个概率保持不变,否则人口就会翻倍;反之,最大城市人口也以某个概率保持不变,否则人口就会减半)。这个随机模型在 Matlab 上演示的结果显示,城市人口规模分布确实服从序位—规模法则。

(三)空间的随机连接

克鲁格曼(Krugman,1997)提出了另外一种观点,幂律中的随机性与随机增长无关,而可能与空间上的随机连接有关。例如:假设一些港口城市通过一个由运输点之间的随机连接而形成的运输网络来供应内地,其首选的连接方向则反映出历史或地理上的事件。此外,也可以假设这些连接存在于产业关联的某些抽象空间里。总之,不管是两种情况的哪一种,内陆地区的城市规模分布都将反映出"渗透理论"(percolation theory)中的一些原理("渗透理论"是物理学中的一个非常成熟的领域,最初的例子是多孔岩的连接部分的规模分布)。渗透模型很容易产生幂律,例如,以流量衡量的河流规模的分布就十分接近幂律。

第二节　城市序位—规模法则及其检验方法

一、序位—规模法则的定义及其检验方法

Christaller(1933)的中心地理论表明,一个城市体系内一定人口规模的城市的数量与之对应的人口规模是有规律分布的。Auerbach(1913)的研究发现,一个城市在其所在城市体系内所处的序位与该城市人口规模的乘积近似为一个常数,这一规律可以用帕累托分布(Pareto Distribution)来描述。帕累托分布是意大利经济学家维弗雷多·帕雷托从大量真实世界的现象中发现的幂次定律分布。Singer(1936)的研究进一步发现,该常数是城市规模分布模式的有效度量指标,可以估计一个城市体系内部不同城市之间的相对作用。根据上述研究,一个城市在其所在城市体系内所处的序位与该城市人口规模服从如下的帕累托分布:

$$R = AY^{-\alpha} \tag{3-11}$$

式(3-11)中,R 代表城市的序位号($R = 1, 2, \cdots, N$; N 为城市群内部城市总数),Y 代表序位为 R 的城市的人口规模,A 和 α 是常数,α 代表帕累托指数。Singer(1936)认为,帕累托指数是测度城市规模分布模式的有效指标,通过 α 值可以看出城市体系内不同等级城市之间的相对作用。由于该分布反映了城市的序位和城市规模之间的关系,因而也叫作序位—规模法则。Zipf(1949)进一步提出齐普夫法则(Zipf's Law),即 $\alpha = 1$ 时的帕累托分布。

若城市群的城市体系服从序位—规模法则,该城市群的城市规模和排序理论上应该近似满足式(3-11),那么,将式(3-11)两边取对数可得:

$$\ln R = \ln A - \alpha \ln Y \tag{3-12}$$

因为 A 和 α 是常数,若城市群的城市体系服从序位—规模法则,将城市序位 R 和城市规模 Y 取对数后,$\ln R$ 和 $\ln Y$ 应该满足式(3-12)的线性关系,反映在散点图上,这些散点图会拟合在一条直线上。因此,为了检验序位—规模法则对我国城市群的适用性,本章先对我国十大城市群所辖城市每一年的人口数量按照从高到低的顺序排列,再根据 $\ln R$ 和 $\ln Y$ 作出表示该城市群人口规模和

序位关系的散点图。若散点基本均匀地分布在趋势线的两侧,即可证明我国城市群的人口分布近似服从序位—规模法则,否则,则不能得到该结论。

更进一步地,可以根据各散点在趋势线的位置来判断该城市相对规模的大小,若代表城市序位—规模的散点位于趋势线的下方,则说明城市的实际规模小于理论规模,其规模相对偏小;若代表城市序位—规模的散点位于趋势线上,则说明城市的实际规模比较合理;若代表城市序位—规模的散点位于趋势线上方,则说明城市的实际规模大于理论规模,其相对规模偏大。

二、研究范围与数据来源

本章的研究范围,选取的时间跨度为 2008—2019 年,所有原始的数据均来源于历年的《中国城市统计年鉴》。

第三节　我国城市群序位—规模法则的适用性检验

一、长三角城市群序位—规模法则的适用性检验

(一)长三角城市群序位—规模基本状况

对长三角城市群 26 个城市的序位—规模基本情况进行分析,表 3-1 描述了 2019 年末长三角城市群 26 个城市的户籍总人口(Y)和序位(R)的基本情况。

表 3-1　长三角城市群序位—规模基本状况(2019 年末)

城市	规模(Y)(万人)	$Y*10000$	$\ln Y$	序位(Rank)	$\ln R$
上海	1 370.9	13 709 000	16.434	1	0
南京	648.7	6 487 000	15.685	2	0.693 1
杭州	525.1	5 251 000	15.474	3	1.098 6
苏州	337.5	3 375 000	15.032	4	1.386 3
无锡	245.7	2 457 000	14.714	5	1.609 4
合肥	245.4	2 454 000	14.713	6	1.791 8

（续表）

城市	规模(Y)（万人）	$Y*10000$	$\ln Y$	序位（Rank）	$\ln R$
常州	233.9	2 339 000	14.665	7	1.945 9
扬州	231.8	2 318 000	14.656	8	2.079 4
宁波	229.6	2 296 000	14.647	9	2.197 2
绍兴	217.8	2 178 000	14.594	10	2.302 6
南通	212.8	2 128 000	14.571	11	2.397 9
盐城	169.3	1 693 000	14.342	12	2.484 9
泰州	163.8	1 638 000	14.309	13	2.564 9
台州	158.5	1 585 000	14.276	14	2.639 1
芜湖	145	1 450 000	14.187	15	2.708 1
湖州	110.7	1 107 000	13.917	16	2.772 6
镇江	103.4	1 034 000	13.849	17	2.833 2
金华	95.1	951 000	13.765	18	2.890 4
宣城	86.6	866 000	13.672	19	2.944 4
嘉兴	86.4	864 000	13.669	20	2.995 7
马鞍山	82.2	822 000	13.620	21	3.044 5
安庆	73.5	735 000	13.508	22	3.091 0
舟山	70.9	709 000	13.472	23	3.135 5
池州	66.3	663 000	13.405	24	3.178 1
滁州	54.2	542 000	13.203	25	3.218 9
铜陵	44.9	449 000	13.015	26	3.258 1

把长三角城市群 26 个城市的人口规模按从高到低的顺序排列，并依次计算出 $\ln R$ 和 $\ln Y$（见表 3-1 所示），根据表 3-1 可知：长三角城市群的首位城市是上海，2019 年末，上海的市辖区年末总人口是 1 370.9 万人，大约是排在第二位南京的 2 倍。排在第五位的城市是无锡，2019 年末，无锡的市辖区总人口是 245.7 万人，从第五位（无锡）至第十一位（南通）的这 7 个城市的规模相差不大，排在第十一位的南通 2019 年末的市辖区人口是 212.8 万人。排在最后一位的城市是铜陵，2019 年末铜陵的市辖区总人口为 44.9 万人。

(二)长三角城市群序位—规模法则的适用性检验

为了从时间维考察长三角城市群的序位—规模法则,即分析 2008—2019 年长三角城市群大城市和中小城市人口规模的演变,利用长三角城市群 2008—2019 年的市辖区人口数据,根据 2008—2019 年长三角城市群的序位—规模基本状况,分别绘制出各年份城市序位—规模的散点图,分别如图 3-1 至图 3-12 所示。

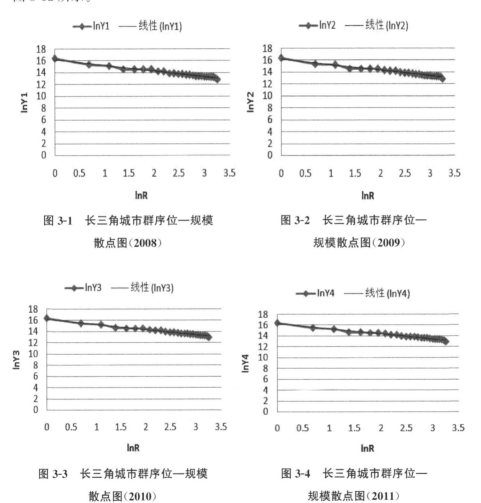

图 3-1 长三角城市群序位—规模
散点图(2008)

图 3-2 长三角城市群序位—
规模散点图(2009)

图 3-3 长三角城市群序位—规模
散点图(2010)

图 3-4 长三角城市群序位—
规模散点图(2011)

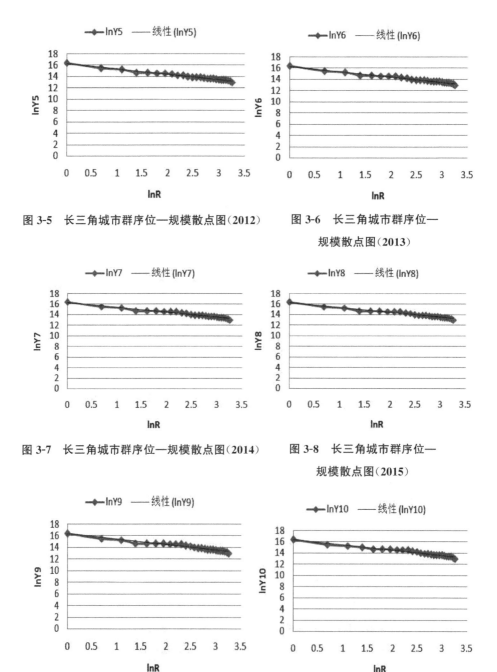

图 3-5　长三角城市群序位—规模散点图（2012）　图 3-6　长三角城市群序位—
规模散点图（2013）

图 3-7　长三角城市群序位—规模散点图（2014）　图 3-8　长三角城市群序位—
规模散点图（2015）

图 3-9　长三角城市群序位—规模散点图（2016）　图 3-10　长三角城市群序位—
规模散点图（2017）

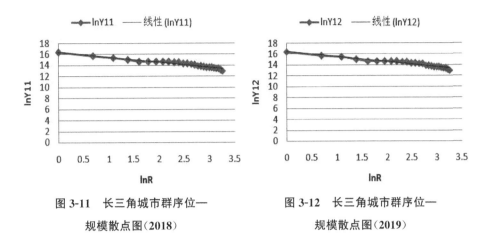

图 3-11 长三角城市群序位—
规模散点图（2018）

图 3-12 长三角城市群序位—
规模散点图（2019）

从图 3-1～图 3-12 可以得出结论：2008—2019 年，长三角城市群每年的序位—规模的散点基本上分布在线性趋势线的两旁，说明总体上，长三角城市群的人口分布基本服从序位—规模法则。排在第五位的城市无锡，2019 年，和趋势线呈现出明显的"脱离"，偏离趋势线下方，说明无锡的相对规模偏小。同理可以分析该城市群其他年份不同城市相对规模的合理性及演变趋势。

二、其他城市群序位—规模法则的适用性检验

（一）珠三角城市群

1. 珠三角城市群序位—规模基本状况

对珠三角城市群 9 个城市的序位—规模基本情况进行分析，表 3-2 描述了 2019 年末珠三角城市群 9 个城市的总人口（Y）和序位（R）的基本情况。

表 3-2 珠三角城市群序位—规模基本状况（2019 年末）

城市	规模（Y）（万人）	Y * 10000	lnY	序位（Rank）	lnR
广州	695	6 950 000	15.754	1	0
佛山	385.6	3 856 000	15.165	2	0.693 1
深圳	332.2	3 322 000	15.016	3	1.098 6
东莞	191.4	1 914 000	14.465	4	1.386 3
中山	156.1	1 561 000	14.261	5	1.609 4

（续表）

城市	规模(Y)(万人)	Y * 10000	lnY	序位(Rank)	lnR
惠州	141.7	1 417 000	14.164	6	1.791 8
江门	139.9	1 399 000	14.151	7	1.945 9
珠海	110.2	1 102 000	13.913	8	2.079 4
肇庆	52.7	527 000	13.175	9	2.197 2

把珠三角城市群 9 个城市的人口规模按从高到低的顺序排列,并依次计算出 lnR 和 lnY,根据表 3-2 可知:珠三角城市群的首位城市是广州,2019 年末,广州的市辖区总人口是 695 万人,大约是排在第二位佛山的 1.8 倍。排在第三位的深圳和佛山的人口大致相当,排在第五位至第八位的四个城市中山、惠州、江门和珠海,人口规模差别不大。排在珠三角最后一位的城市是肇庆,2019 年末,肇庆的市辖区总人口是 52.7 万人,排在第九位,大约是首位城市人口的 1/13。

2. 珠三角城市群序位—规模法则的适用性检验

为了从时间维考察长三角城市群的序位—规模法则,即分析 2008—2019 年珠三角城市群大城市和中小城市人口规模的演变,利用珠三角城市群 2008—2019 年的市辖区人口数据,根据 2008—2019 年珠三角城市群的序位—规模基本状况,分别绘制出各年份城市序位—规模的散点图。

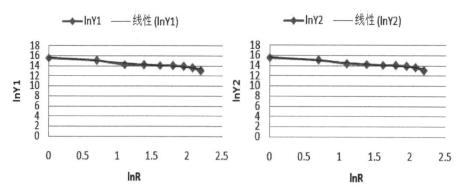

图 3-13 珠三角城市群序位—规模散点图(2008)　　图 3-14 珠三角城市群序位—规模散点图(2009)

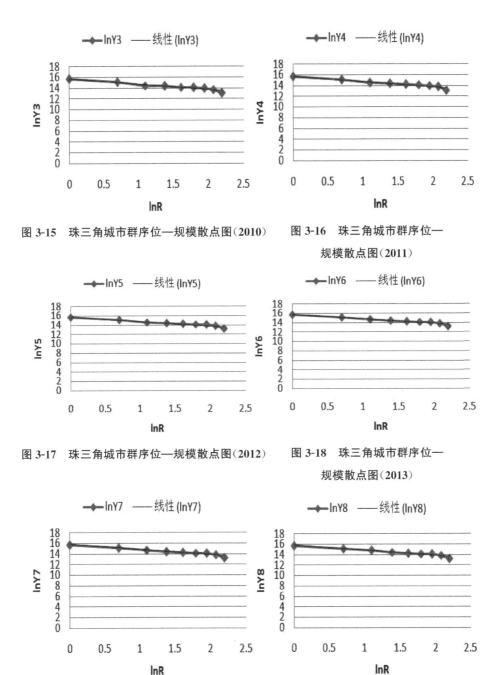

图 3-15 珠三角城市群序位—规模散点图（2010）

图 3-16 珠三角城市群序位—规模散点图（2011）

图 3-17 珠三角城市群序位—规模散点图（2012）

图 3-18 珠三角城市群序位—规模散点图（2013）

图 3-19 珠三角城市群序位—规模散点图（2014）

图 3-20 珠三角城市群序位—规模散点图（2015）

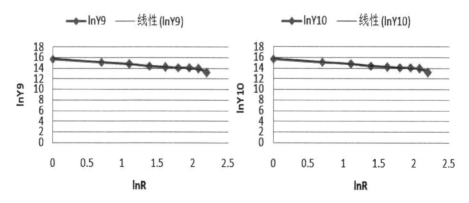

图 3-21 珠三角城市群序位—规模散点图(2016)　图 3-22 珠三角城市群序位—
规模散点图(2017)

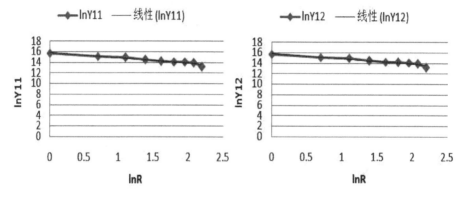

图 3-23 珠三角城市群序位—规模散点图(2018)　图 3-24 珠三角城市群序位—
规模散点图(2019)

2008—2019 年,珠三角城市群每年的序位—规模的散点基本上分布在线性趋势线的两旁,说明总体上,珠三角城市群的人口分布基本服从序位—规模法则。注意到排在最后一位的城市肇庆,2019 年,位于趋势线下方,说明其相对规模偏小。同理可以分析该城市群其他年份不同城市相对规模的合理性及演变趋势。

(二)京津冀城市群

1. 京津冀城市群序位—规模基本状况

对京津冀城市群 14 个城市的序位—规模基本状况进行分析,表 3-3 描述了 2019 年末京津冀城市群 14 个城市的总人口(Y)和序位(R)的基本情况。

表 3-3　京津冀城市群序位—规模基本状况（2014 年末）

城市	规模(Y)（万人）	$Y * 10000$	$\ln Y$	序位（Rank）	$\ln R$
北京	1 261.9	12 619 000	16.351	1	0
天津	832.8	8 328 000	15.935	2	0.693 1
石家庄	408	4 080 000	15.222	3	1.098 6
唐山	329.5	3 295 000	15.008	4	1.386 3
邯郸	174.1	1 741 000	14.370	5	1.609 4
安阳	115.5	1 155 000	13.960	6	1.791 8
保定	110.5	1 105 000	13.915	7	1.945 9
张家口	90.7	907 000	13.718	8	2.079 4
秦皇岛	89.6	896 000	13.706	9	2.197 2
邢台	87.7	877 000	13.684	10	2.302 6
廊坊	84.3	843 000	13.645	11	2.397 9
承德	59.3	593 000	13.293	12	2.484 9
沧州	54.4	544 000	13.207	13	2.564 9
衡水	54.3	543 000	13.205	14	2.639 1

把京津冀城市群 14 个城市的人口规模按从高到低的顺序排列，并依次计算出 $\ln R$ 和 $\ln Y$，根据表 3-3 可知：京津冀城市群的首位城市是北京，2019 年末，北京的市辖区总人口是 1261.9 万人。排在第六至十一位的 6 个城市——安阳、保定、张家口、秦皇岛、邢台和廊坊，人口规模比较接近。排在最后三位的城市——承德、沧州和衡水，人口规模近乎一致。

2. 京津冀城市群序位—规模法则的适用性检验

为了从时间维考察京津冀城市群的序位—规模法则，即分析 2008—2019 年京津冀城市群大城市和中小城市人口规模的演变，利用京津冀城市群 2008—2019 年的市辖区人口数据，根据 2008—2019 年京津冀城市群的序位—规模基本状况，分别绘制出各年份城市序位—规模的散点图。

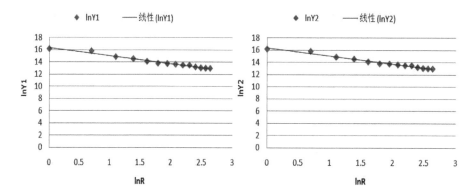

图 3-25　京津冀城市群序位—规模散点图（2008）　图 3-26　京津冀城市群序位—
规模散点图（2009）

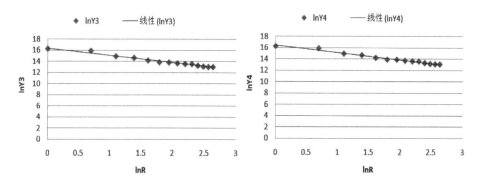

图 3-27　京津冀城市群序位—规模散点图（2010）　图 3-28　京津冀城市群序位—
规模散点图（2011）

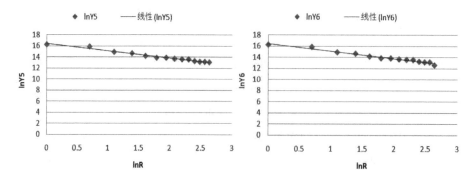

图 3-29　京津冀城市群序位—规模散点图（2012）　图 3-30　京津冀城市群序位—
规模散点图（2013）

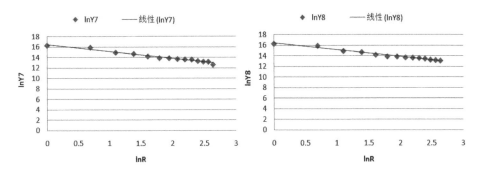

图 3-31　京津冀城市群序位—规模散点图（2014）　　图 3-32　京津冀城市群序位—

　　　　　　　　　　　　　　　　　　　　　　　　　　　　　规模散点图（2015）

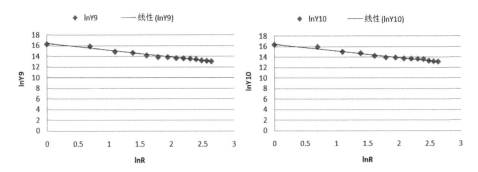

图 3-33　京津冀城市群序位—规模散点图（2016）　　图 3-34　京津冀城市群序位—

　　　　　　　　　　　　　　　　　　　　　　　　　　　　　规模散点图（2017）

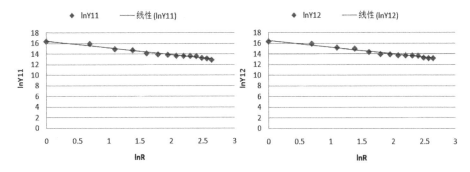

图 3-35　京津冀城市群序位—规模散点图（2018）　　图 3-36　京津冀城市群序位—

　　　　　　　　　　　　　　　　　　　　　　　　　　　　　规模散点图（2019）

　　可以得出结论：2008—2019 年，京津冀城市群每年的序位—规模的散点基本上分布在线性趋势线的两旁，说明总体上，京津冀城市群的人口分布基本服从序位—规模法则。注意到排在第二位的城市天津,2019年,天津呈现出较为明显的"脱节",偏离趋势线上方,说明天津的实际规模相对偏大。同理可以分析该城市群其他年份不同城市相对规模的合理性及演变趋势。

(三)海峡西岸城市群

1. 海峡西岸城市群序位—规模基本状况

对海峡西岸城市群20个城市的序位—规模基本状况进行分析,表3-4描述了2019年末海峡西岸城市群20个城市的总人口(Y)和序位(R)的基本情况。

表3-4　海峡西岸城市群序位—规模基本状况(2019年末)

城市	规模(Y)(万人)	Y*10000	lnY	序位(Rank)	lnR
汕头	539.1	5 391 000	15.500	1	0
莆田	228.4	2 284 000	14.641	2	0.693 1
揭阳	208.2	2 082 000	14.549	3	1.098 6
厦门	203.4	2 034 000	14.526	4	1.386 3
福州	197.4	1 974 000	14.496	5	1.609 4
潮州	163.5	1 635 000	14.307	6	1.791 8
赣州	153.7	1 537 000	14.245	7	1.945 9
温州	152.5	1 525 000	14.238	8	2.079 4
抚州	119.9	1 199 000	13.997	9	2.197 2
泉州	106.4	1 064 000	13.878	10	2.302 6
梅州	95.8	958 000	13.773	11	2.397 9
衢州	84.1	841 000	13.642	12	2.484 9
漳州	58.5	585 000	13.279	13	2.564 9
龙岩	50.5	505 000	13.132	14	2.639 1
南平	50.3	503 000	13.128	15	2.708 1
宁德	47.9	479 000	13.079	16	2.772 6
上饶	42	420 000	12.948	17	2.833 2
丽水	40	400 000	12.899	18	2.890 4

（续表）

城市	规模(Y)(万人)	Y * 10000	lnY	序位(Rank)	lnR
三明	28.3	283 000	12.553	19	2.944 4
鹰潭	23.7	237 000	12.376	20	2.995 7

把海峡西岸城市群 20 个城市的人口规模按从高到低的顺序排列,并依次计算出 lnR 和 lnY,根据表 3-4 可知:海峡西岸城市群的首位城市是汕头,2019年末,汕头的市辖区总人口达到 539.1 万,大约是第二位城市莆田的 2 倍。第二至第五位城市——莆田、揭阳、厦门和福州,城市规模相差不大。第六至第八位城市——潮州、赣州和温州,城市规模比较接近。排在最后一位的城市是鹰潭,2019 年末,鹰潭的市辖区人口是 23.7 万人,大约是首位城市人口的 1/23。

2.海峡西岸城市群序位—规模法则的适用性检验

为了从时间维考察海峡西岸城市群的序位—规模法则,即分析 2008—2019 年海峡西岸城市群大城市和中小城市人口规模的演变,利用海峡西岸城市群 2008—2019 年的市辖区人口数据,根据 2008—2019 年海峡西岸城市群的序位—规模基本状况,分别绘制出各年份城市序位—规模的散点图,分别如图3-37~图 3-48 所示。

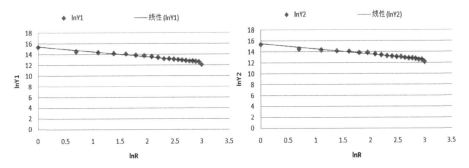

图 3-37　海峡西岸城市群序位—
规模散点图(2008)

图 3-38　海峡西岸城市群序位—
规模散点图(2009)

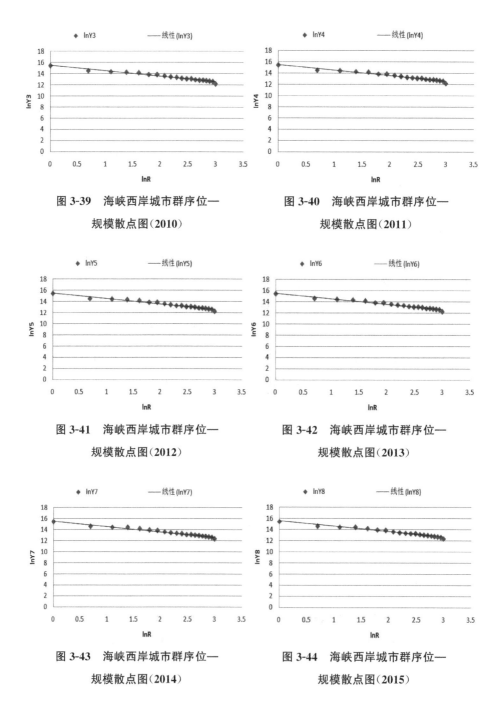

图 3-39　海峡西岸城市群序位——
规模散点图（2010）

图 3-40　海峡西岸城市群序位——
规模散点图（2011）

图 3-41　海峡西岸城市群序位——
规模散点图（2012）

图 3-42　海峡西岸城市群序位——
规模散点图（2013）

图 3-43　海峡西岸城市群序位——
规模散点图（2014）

图 3-44　海峡西岸城市群序位——
规模散点图（2015）

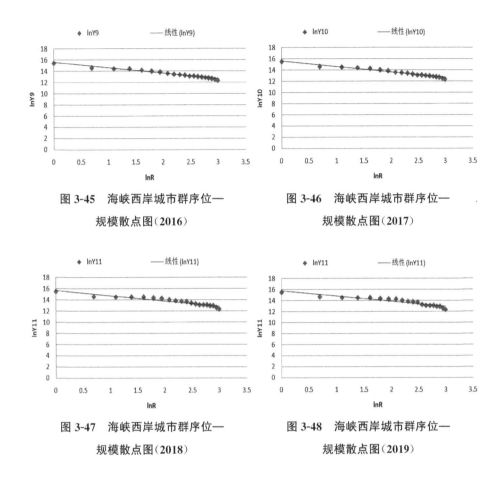

图 3-45　海峡西岸城市群序位—
规模散点图（2016）

图 3-46　海峡西岸城市群序位—
规模散点图（2017）

图 3-47　海峡西岸城市群序位—
规模散点图（2018）

图 3-48　海峡西岸城市群序位—
规模散点图（2019）

从图 3-37～图 3-48 可以得出结论：2008—2019 年，海峡西岸城市群每年的序位—规模的散点都基本上分布在线性趋势线的两旁，说明总体上，海峡西岸城市群的人口分布基本服从序位—规模法则。注意到排在第二位的城市莆田，2019 年，莆田呈现出较为明显的"脱节"，偏离趋势线下方，说明莆田的实际规模相对偏小。同理可以分析该城市群其他年份不同城市相对规模的合理性及演变趋势。

（四）山东半岛城市群

1. 山东半岛城市群序位—规模基本状况

对山东半岛城市群 8 个城市的序位—规模基本情况进行分析，表 3-5 描述了 2019 年末山东半岛城市群 8 个城市的总人口（Y）和序位（R）的基本情况。

表 3-5　山东半岛城市群序位—规模基本状况（2019 年末）

城市	规模(Y)(万人)	Y * 10 000	lnY	序位(Rank)	lnR
青岛	370.5	3 705 000	15.125	1	0
济南	361	3 610 000	15.099	2	0.693 1
淄博	284.5	2 845 000	14.861	3	1.098 6
潍坊	186	1 860 000	14.436	4	1.386 3
烟台	183.7	1 837 000	14.424	5	1.609 4
日照	132.1	1 321 000	14.094	6	1.791 8
威海	131.6	1 316 000	14.090	7	1.945 9
东营	85.2	852 000	13.655	8	2.079 4

把山东半岛城市群 8 个城市的人口规模按照从高到低的顺序进行排列,并依次计算出 lnR 和 lnY,根据表 3-5 可知:山东半岛城市群的首位城市是青岛,2019 年末,青岛的市辖区总人口为 370.5 万人,第二位城市是济南,济南 2019 年末的市辖区人口是 361 万人,两个城市差别不大。第五和第六位城市——潍坊和烟台,人口规模比较接近。第七和第八位城市——日照和威海,人口规模几乎相同。排在最后一位的城市是东营,2019 年末东营的市辖区人口是 85.2 万人,大约是首位城市规模的 4 倍。

2. 山东半岛城市群序位—规模法则的适用性检验

为了从时间维考察山东半岛城市群的序位—规模法则,即分析 2008—2019 年山东半岛城市群大城市和中小城市人口规模的演变,利用山东半岛城市群 2008—2019 年的市辖区人口数据,根据 2008—2019 年山东半岛城市群的序位—规模基本状况,分别绘制出各年份城市序位—规模的散点图。

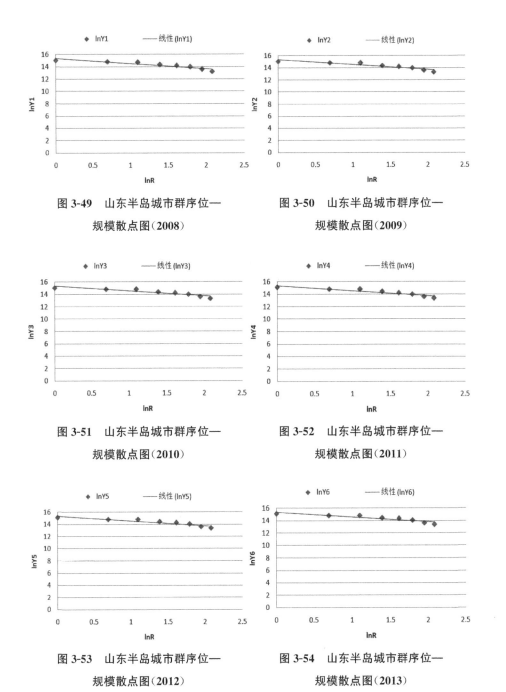

图 3-49　山东半岛城市群序位—规模散点图（2008）

图 3-50　山东半岛城市群序位—规模散点图（2009）

图 3-51　山东半岛城市群序位—规模散点图（2010）

图 3-52　山东半岛城市群序位—规模散点图（2011）

图 3-53　山东半岛城市群序位—规模散点图（2012）

图 3-54　山东半岛城市群序位—规模散点图（2013）

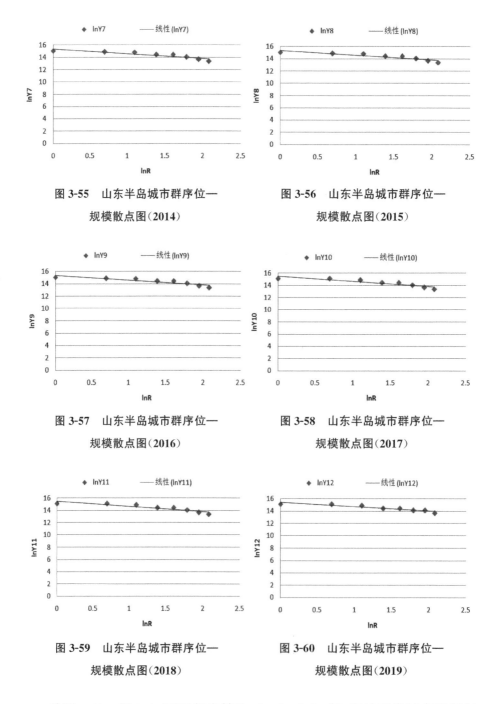

图 3-55　山东半岛城市群序位—
规模散点图（2014）

图 3-56　山东半岛城市群序位—
规模散点图（2015）

图 3-57　山东半岛城市群序位—
规模散点图（2016）

图 3-58　山东半岛城市群序位—
规模散点图（2017）

图 3-59　山东半岛城市群序位—
规模散点图（2018）

图 3-60　山东半岛城市群序位—
规模散点图（2019）

　　从图 3-49～图 3-60 可以得出结论：2008—2019 年，海峡西岸城市群每年的序位—规模的散点都基本分布在线性趋势线的两旁，说明总体上，海峡西岸城市群的人口分布基本服从序位—规模法则。注意到排在第二位的城市济南和排在第三位的城市淄博，2019 年，这两个城市均位于趋势线上方，说明它们的规模相对偏大。而排在最后一位的城市东营，则明显偏离趋势线的下方，说明其相对规模偏小。同理可以分析该城市群其他年份不同城市相对规模的合理性及演变趋势。

（五）辽中南城市群

1. 辽中南城市群序位—规模基本状况

对辽中南城市群 10 个城市的序位—规模基本情况进行分析，表 3-6 描述了 2019 年末辽中南城市群 10 个城市的总人口(Y)和序位(R)的基本情况。

表 3-6　辽中南城市群序位—规模基本状况（2019 年末）

城市	规模(Y)（万人）	$Y * 10\,000$	$\ln Y$	序位（Rank）	$\ln R$
沈阳	528.4	5 284 000	15.480	1	0
大连	304.3	3 043 000	14.928	2	0.693 1
鞍山	151.2	1 512 000	14.229	3	1.098 6
抚顺	142.6	1 426 000	14.170	4	1.386 3
本溪	93.3	933 000	13.746	5	1.609 4
营口	92.6	926 000	13.739	6	1.791 8
辽阳	87.6	876 000	13.683	7	1.945 9
丹东	78.4	784 000	13.572	8	2.079 4
盘锦	64.3	643 000	13.374	9	2.197 2
铁岭	43.8	438 000	12.990	10	2.302 6

把辽中南城市群 10 个城市的人口规模按从高到低的顺序排列，并依次计算出 $\ln R$ 和 $\ln Y$，根据表 3-6 可知：辽中南城市群的首位城市是沈阳，2019 末，沈阳的市辖区人口为 528.4 万人，人口规模大约是第二位城市大连的 2 倍。排

在第三和第四位的城市——鞍山和抚顺，人口规模相差不大。排在第五至第九位的城市——本溪、营口、辽阳、丹东和盘锦，人口规模比较接近。排在最后一位的城市铁岭，2019年末的市辖区人口是43.8万人，大约是首位城市人口规模的1/12。

2. 辽中南城市群序位—规模法则的适用性检验

为了从时间维考察辽中南城市群的序位—规模法则，即分析2008—2019年辽中南城市群大城市和中小城市人口规模的演变，利用辽中南城市群2008—2019年的市辖区人口数据，根据2008—2019年辽中南城市群的序位—规模基本状况，绘制出各年份城市序位—规模的散点图，分别如图3-61～图3-72所示。

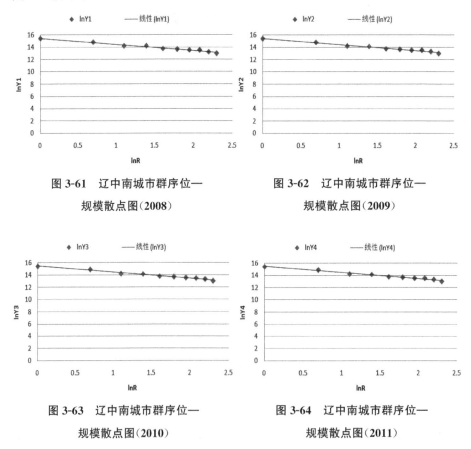

图 3-61　辽中南城市群序位—
规模散点图（2008）

图 3-62　辽中南城市群序位—
规模散点图（2009）

图 3-63　辽中南城市群序位—
规模散点图（2010）

图 3-64　辽中南城市群序位—
规模散点图（2011）

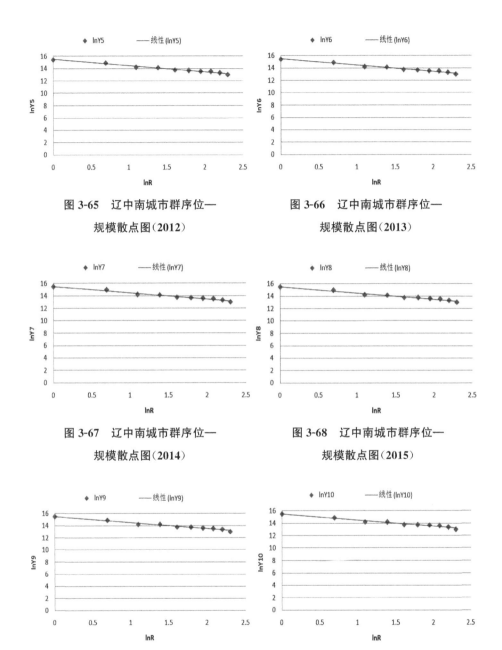

图 3-65　辽中南城市群序位—
规模散点图（**2012**）

图 3-66　辽中南城市群序位—
规模散点图（**2013**）

图 3-67　辽中南城市群序位—
规模散点图（**2014**）

图 3-68　辽中南城市群序位—
规模散点图（**2015**）

图 3-69　辽中南城市群序位—
规模散点图（**2016**）

图 3-70　辽中南城市群序位—
规模散点图（**2017**）

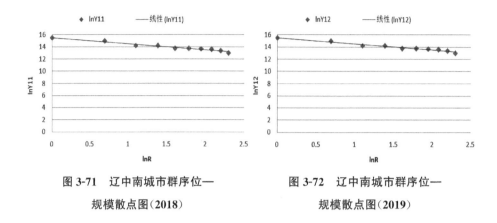

图 3-71　辽中南城市群序位— 规模散点图（2018）　　　图 3-72　辽中南城市群序位— 规模散点图（2019）

从图 3-61～图 3-72 可以得出结论：2008—2019 年，辽中南城市群每年的序位—规模的散点都基本上分布在线性趋势线的两旁，说明总体上，辽中南城市群的人口分布基本服从序位—规模法则。注意到排在第二位、第四位和第八位的城市——大连、抚顺和丹东，2019 年，这三个城市均位于趋势线上方，说明它们的规模相对偏大。而排在第三位、第五位和第十位的城市——鞍山、本溪和铁岭，则明显偏离趋势线的下方，说明其相对规模偏小。同理可以分析该城市群其他年份不同城市相对规模的合理性及演变趋势。

（六）中原城市群

1. 中原城市群序位—规模基本状况

对中原城市群 8 个城市的序位—规模基本情况进行分析，表 3-7 描述了 2019 年末中原城市群 8 个城市的总人口（Y）和序位（R）的基本情况。

表 3-7　中原城市群序位—规模基本状况（2019 年末）

城市	规模（Y）（万人）	$Y*10\ 000$	$\ln Y$	序位（Rank）	$\ln R$
郑州	533.2	5 332 000	15.489	1	0
洛阳	195.5	1 955 000	14.486	2	0.693 1
漯河	134.2	1 342 000	14.110	3	1.098 6
新乡	114.4	1 144 000	13.950	4	1.386 3

（续表）

城市	规模(Y)(万人)	Y * 10 000	lnY	序位(Rank)	lnR
平顶山	110	1 100 000	13.911	5	1.609 4
焦作	98.5	985 000	13.800	6	1.791 8
开封	87	870 000	13.676	7	1.945 9
许昌	41.4	414 000	12.934	8	2.079 4

把中原城市群 8 个城市的人口规模按从高到低的顺序排列,并依次计算出 lnR 和 lnY,从表 3-7 可知:中原城市群的首位城市是郑州,2019 年末,郑州的市辖区人口达到 533.2 万,排在第二位的城市洛阳,2019 年末的市辖区人口大约是首位城市郑州的 3 倍。排在第三至第七位的城市——洛阳、漯河、新乡、平顶山、焦作和开封,人口规模比较接近。排在最后一位的城市许昌,2019 年末的市辖区人口是 41.4 万,大约是首位城市人口规模的 1/13。

2. 中原城市群序位—规模法则的适用性检验

为了从时间维考察中原城市群的序位—规模法则,即分析 2008—2019 年中原城市群大城市和中小城市人口规模的演变,利用中原城市群 2008—2019 年的市辖区人口数据,根据 2008—2019 年中原城市群的序位—规模基本状况,分别绘制出各年份城市序位—规模的散点图,分别如图 3-73～图 3-84 所示。

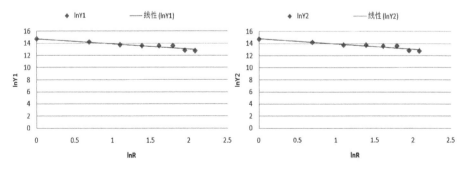

图 3-73　中原城市群序位—　　　　图 3-74　中原城市群序位—
　　规模散点图（2008）　　　　　　　　规模散点图（2009）

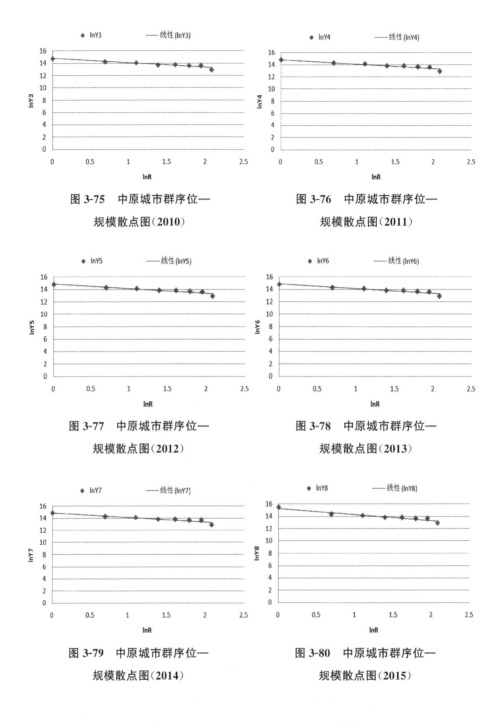

图 3-75　中原城市群序位——
规模散点图（2010）

图 3-76　中原城市群序位——
规模散点图（2011）

图 3-77　中原城市群序位——
规模散点图（2012）

图 3-78　中原城市群序位——
规模散点图（2013）

图 3-79　中原城市群序位——
规模散点图（2014）

图 3-80　中原城市群序位——
规模散点图（2015）

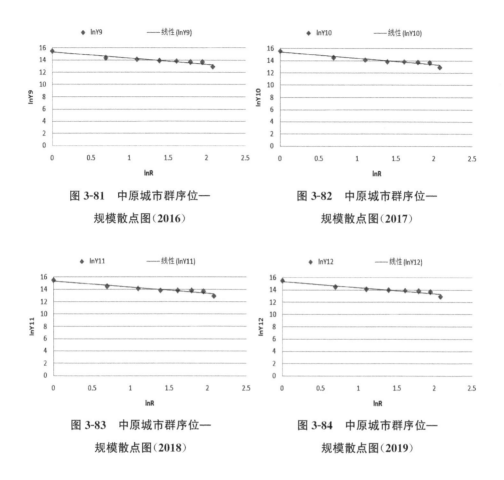

图 3-81　中原城市群序位—
规模散点图（**2016**）

图 3-82　中原城市群序位—
规模散点图（**2017**）

图 3-83　中原城市群序位—
规模散点图（**2018**）

图 3-84　中原城市群序位—
规模散点图（**2019**）

从图 3-73～图 3-84 可以得出结论：2008—2019 年，中原城市群每年的序位—规模的散点都基本上分布在线性趋势线的两旁，说明总体上，中原城市群的人口分布基本服从序位—规模法则。注意到排在第一位、第五位、第六位和第七位的城市——郑州、平顶山、焦作和开封，2019 年，这四个城市往趋势线上方偏离，说明它们的相对规模偏大。而排在第二位、第三位和第八位的城市——洛阳、漯河和许昌，这三个城市偏离趋势线下方，说明其相对规模偏小。同理可以分析该城市群其他年份不同城市相对规模的合理性及演变趋势。

（七）长江中游城市群

1. 长江中游城市群序位—规模基本状况

对长江中游城市群 28 个城市的序位—规模基本状况进行分析，表 3-8 描述了 2019 年末长江中游城市群 28 个城市的总人口（Y）和序位（R）的基本情况。

表 3-8　长江中游城市群序位—规模基本状况（2019 年末）

城市	规模（Y）（万人）	Y * 10 000	lnY	序位（Rank）	lnR
武汉	514.9	5 149 000	15.454	1	0
长沙	303.5	3 035 000	14.926	2	0.693 1
南昌	230.1	2 301 000	14.649	3	1.098 6
襄阳	227.5	2 275 000	14.637	4	1.386 3
常德	140.1	1 401 000	14.153	5	1.609 4
益阳	136.2	1 362 000	14.124	6	1.791 8
宜昌	128	1 280 000	14.062	7	1.945 9
株洲	122.2	1 222 000	14.016	8	2.079 4
抚州	119.9	1 199 000	13.997	9	2.197 2
宜春	113.5	1 135 000	13.942	10	2.302 6
荆州	111.3	1 113 000	13.923	11	2.397 9
鄂州	110.2	1 102 000	13.913	12	2.484 9
岳阳	109.7	1 097 000	13.908	13	2.564 9
孝感	96.9	969 000	13.784	14	2.639 1
衡阳	93.8	938 000	13.752	15	2.708 1
新余	88.7	887 000	13.696	16	2.772 6
萍乡	88.1	881 000	13.689	17	2.833 2
湘潭	87.7	877 000	13.684	18	2.890 4
黄石	84	840 000	13.641	19	2.944 4
荆门	67.6	676 000	13.424	20	2.995 7
九江	66.2	662 000	13.403	21	3.044 5
咸宁	60.9	609 000	13.320	22	3.091 0
吉安	57.7	577 000	13.266	23	3.135 5
娄底	48.5	485 000	13.092	24	3.178 1
景德镇	47.8	478 000	13.077	25	3.218 9
上饶	42	420 000	12.948	26	3.258 1
黄冈	35.1	351 000	12.769	27	3.295 8
鹰潭	23.7	237 000	12.376	28	3.332 2

把长江中游城市群 28 个城市的人口规模按从高到低的顺序排列,并依次计算出 lnR 和 lnY,根据表 3-8 可知:长江中游城市群的首位城市是武汉,到 2019 年末,武汉的市辖区人口是 514.9 万,排在第二位的是长沙,人口大约是首位城市武汉的 1/2。排在最后一位的城市是鹰潭,人口大约是首位城市武汉的 1/22。

2. 长江中游城市群序位—规模法则的适用性检验

为了从时间维考察长江中游城市群的序位—规模法则,即分析 2008—2019 年长江中游城市群大城市和中小城市人口规模的演变,利用长江中游城市群 2008—2019 年的市辖区人口数据,根据 2008—2019 年长江中游城市群的序位—规模基本状况,分别绘制出各年份城市序位—规模的散点图,分别如图 3-85～图 3-96 所示。

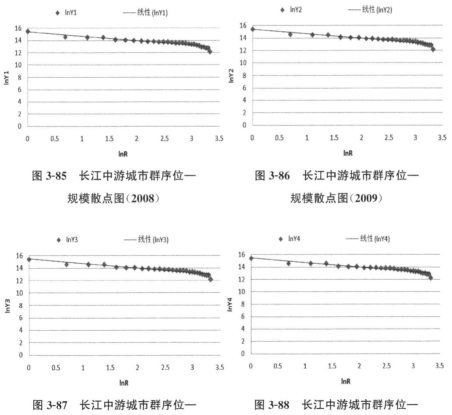

图 3-85　长江中游城市群序位—
规模散点图(**2008**)

图 3-86　长江中游城市群序位—
规模散点图(**2009**)

图 3-87　长江中游城市群序位—
规模散点图(**2010**)

图 3-88　长江中游城市群序位—
规模散点图(**2011**)

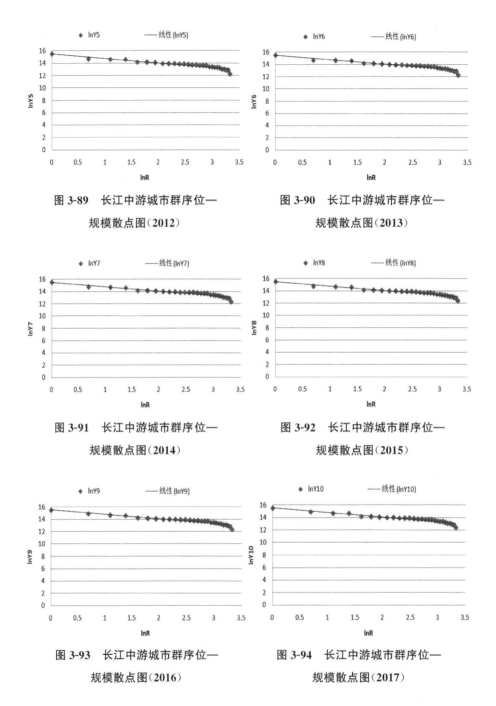

图 3-89　长江中游城市群序位——
规模散点图（2012）

图 3-90　长江中游城市群序位——
规模散点图（2013）

图 3-91　长江中游城市群序位——
规模散点图（2014）

图 3-92　长江中游城市群序位——
规模散点图（2015）

图 3-93　长江中游城市群序位——
规模散点图（2016）

图 3-94　长江中游城市群序位——
规模散点图（2017）

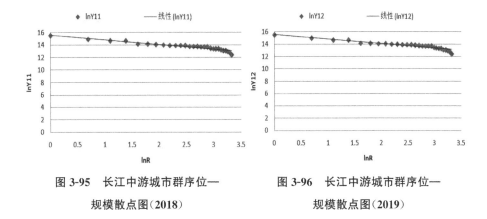

图 3-95 长江中游城市群序位—
规模散点图(2018)

图 3-96 长江中游城市群序位—
规模散点图(2019)

从图 3-85～图 3-96 可以得出结论:2008—2019 年,长江中游城市群每年的序位—规模的散点都基本上分布在线性趋势线的两旁,说明总体上,中原城市群的人口分布基本服从序位—规模法则。注意到 2019 年,排在第四位的城市襄阳位于趋势线之上,说明该城市的相对规模偏大。排在第五位的城市常德,偏离趋势线的下方,说明其相对规模偏小。分阶段来看,排在前十位的城市基本没有偏离趋势线,中间的城市偏离的趋势明显且往趋势线上方偏离,排在末尾的小城市偏离的趋势同样明显但是往趋势线下方偏离,形成了中间的城市和末尾的城市分别处于趋势线的两侧(即中间的城市偏上,末尾的城市偏下)的"分岔"特征。同理可以分析该城市群其他年份不同城市相对规模的合理性及演变趋势。

(八)成渝城市群

1. 成渝城市群序位—规模基本状况

对成渝城市群 16 个城市的序位—规模基本情况进行分析,表 3-9 描述了2019 年末成渝城市群 16 个城市的总人口(Y)和序位(R)的基本情况。

表 3-9 成渝城市群序位—规模基本状况(2019 年末)

城市	规模(Y)(万人)	Y * 10 000	lnY	序位(Rank)	lnR
重庆	1 943.9	19 439 000	16.783	1	0
成都	581.6	5 816 000	15.576	2	0.693 1

（续表）

城市	规模(Y)(万人)	Y * 10 000	lnY	序位(Rank)	lnR
南充	197.1	1 971 000	14.494	3	1.098 6
达州	181	1 810 000	14.409	4	1.386 3
遂宁	152.3	1 523 000	14.236	5	1.609 4
自贡	151.3	1 513 000	14.230	6	1.791 8
泸州	149.9	1 499 000	14.220	7	1.945 9
内江	143	1 430 000	14.173	8	2.079 4
广安	127.3	1 273 000	14.057	9	2.197 2
宜宾	127.1	1 271 000	14.055	10	2.302 6
绵阳	126.9	1 269 000	14.054	11	2.397 9
乐山	116.3	1 163 000	13.967	12	2.484 9
资阳	110.6	1 106 000	13.916	13	2.564 9
眉山	87.6	876 000	13.683	14	2.639 1
德阳	69.3	693 000	13.449	15	2.708 1
雅安	62.8	628 000	13.350	16	2.772 6

　　把成渝城市群 16 个城市的人口规模按从高到低的顺序排列,并依次计算出 lnR 和 lnY,根据表 3-9 可知:成渝城市群的首位城市是重庆,2019 年末,重庆的市辖区人口是 1943.9 万,是排在第二位的城市成都的 3 倍。成渝城市群的大部分城市(第三位至第十三位)都在 100 万～200 万之间。排在最后一位的城市是雅安,2019 年末的市辖区人口为 62.8 万,是首位城市重庆的 31 倍。

　　2. 成渝城市群序位—规模法则的适用性检验

　　为了从时间维考察成渝城市群的序位—规模法则,即分析 2008—2019 年成渝城市群大城市和中小城市人口规模的演变,利用成渝城市群 2008—2019 年的市辖区人口数据,根据 2008—2019 年成渝城市群的序位—规模基本状况,分别绘制出各年份城市序位—规模的散点图,分别如图 3-97～图 3-108 所示。

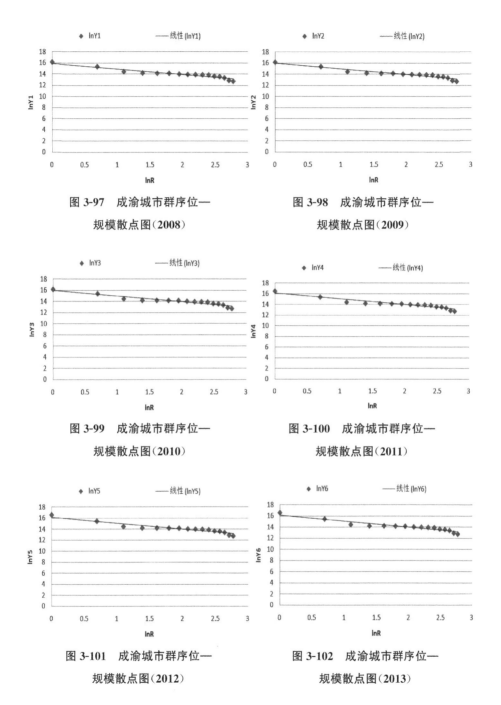

图 3-97　成渝城市群序位—
规模散点图（2008）

图 3-98　成渝城市群序位—
规模散点图（2009）

图 3-99　成渝城市群序位—
规模散点图（2010）

图 3-100　成渝城市群序位—
规模散点图（2011）

图 3-101　成渝城市群序位—
规模散点图（2012）

图 3-102　成渝城市群序位—
规模散点图（2013）

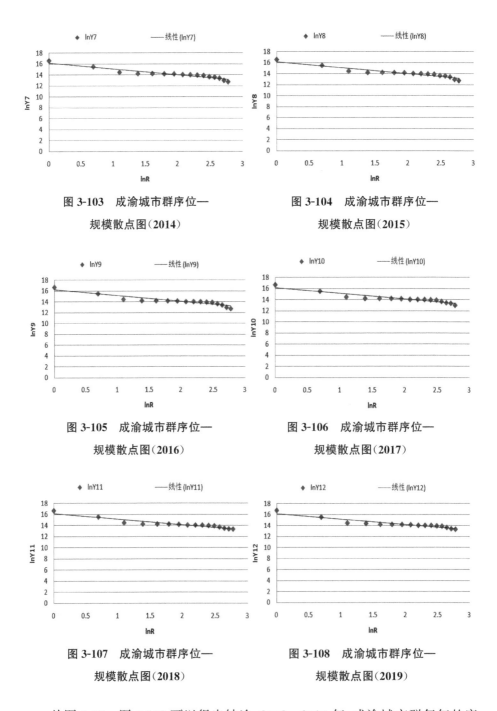

图 3-103　成渝城市群序位——
规模散点图（2014）

图 3-104　成渝城市群序位——
规模散点图（2015）

图 3-105　成渝城市群序位——
规模散点图（2016）

图 3-106　成渝城市群序位——
规模散点图（2017）

图 3-107　成渝城市群序位——
规模散点图（2018）

图 3-108　成渝城市群序位——
规模散点图（2019）

　　从图 3-97～图 3-108 可以得出结论：2008—2019 年，成渝城市群每年的序位—规模的散点都基本上分布在线性趋势线的两旁，说明总体上，成渝城市群的人口分布基本服从序位—规模法则。注意到 2019 年,排在第一位的城市重庆位于趋势线之上,说明该城市的相对规模偏大。排在第三位至第六位的城市——南充、达州和遂宁,偏离趋势线的下方,说明其相对规模偏小。排在第十一位至第十四位的城市——绵阳、乐山、资阳和眉山,位于趋势线之上,说明这四个城市的相对规模偏大。同理可分析该城市群其他年份不同城市相对规模的合理性及演变趋势。

（九）关中城市群

1. 关中城市群序位—规模基本状况

对关中城市群 6 个城市的序位—规模基本情况进行分析,表 3-10 描述了 2019 年末关中城市群 6 个城市的总人口(Y)和序位(R)的基本情况。

表 3-10　关中城市群序位—规模基本状况（2019 年末）

城市	规模(Y)（万人）	$Y * 10\ 000$	$\ln Y$	序位(Rank)	$\ln R$
西安	587.2	5 872 000	15.585 71	1	0
宝鸡	142.2	1 422 000	14.167 57	2	0.693 1
渭南	96.3	963 000	13.777 81	3	1.098 6
咸阳	92	920 000	13.732 13	4	1.386 3
铜川	74.8	748 000	13.525 16	5	1.609 4
商洛	56.4	564 000	13.242 81	6	1.791 8

把关中城市群 6 个城市的人口规模按从高到低的顺序排列,并依次计算出 $\ln R$ 和 $\ln Y$,根据表 3-10 可知:关中城市群的首位城市是西安,2019 年末,关中的市辖区人口达到 587.2 万,排在第二位的城市是宝鸡,市辖区人口是 142.2 万,排在最后一位的城市是商洛,市辖区人口为 56.4 万。因此,关中城市群首位城市的人口规模是第二位城市的 4 倍,是最后一位城市的 10 倍。

2. 关中城市群序位—规模法则的适用性检验

为了从时间维考察关中城市群的序位—规模法则,即分析 2008—2019 年关中城市群大城市和中小城市人口规模的演变,利用关中城市群 2008—2019 年的市辖区人口数据,根据 2008—2019 年关中城市群的序位—规模基本状况,分别绘制出各年份城市序位—规模的散点图,分别如图 3-109～图 3-120 所示。

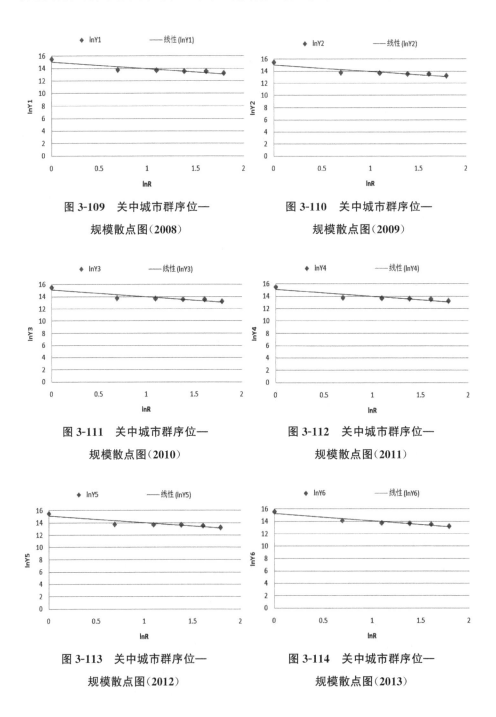

图 3-109　关中城市群序位—
规模散点图(2008)

图 3-110　关中城市群序位—
规模散点图(2009)

图 3-111　关中城市群序位—
规模散点图(2010)

图 3-112　关中城市群序位—
规模散点图(2011)

图 3-113　关中城市群序位—
规模散点图(2012)

图 3-114　关中城市群序位—
规模散点图(2013)

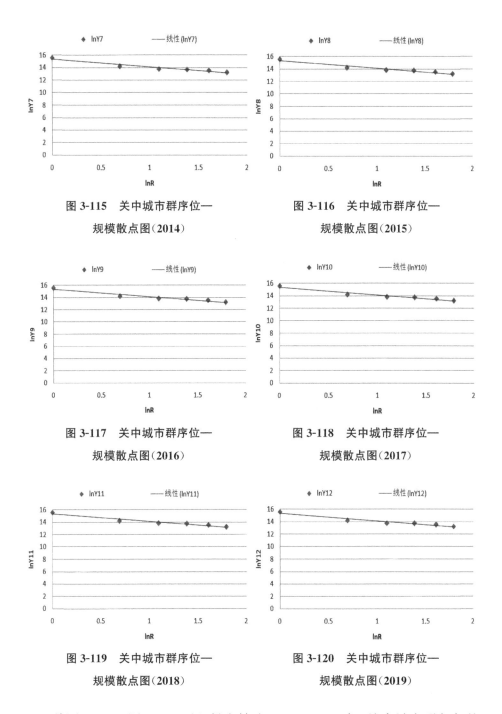

图 3-115　关中城市群序位—
规模散点图（2014）

图 3-116　关中城市群序位—
规模散点图（2015）

图 3-117　关中城市群序位—
规模散点图（2016）

图 3-118　关中城市群序位—
规模散点图（2017）

图 3-119　关中城市群序位—
规模散点图（2018）

图 3-120　关中城市群序位—
规模散点图（2019）

从图 3-109～图 3-120 可以得出结论：2008—2019 年，关中城市群每年的
序位—规模的散点都基本上分布在线性趋势线的两旁，说明总体上，关中城市

群的人口分布基本服从序位—规模法则。注意到 2019 年,排在第一位、第四位和第五位的城市——西安、咸阳和铜川,位于趋势线之上,说明该城市的相对规模偏大。排在第二位和第三位的城市——宝鸡和渭南,偏离趋势线的下方,说明其相对规模偏小。同理可以分析该城市群其他年份不同城市相对规模的合理性及演变趋势。

第四节　本章小结

本章对我国东中西部地区十大城市群 2019 年的城市规模进行了排序,并在此基础上作出了相应城市群 2008—2019 年的城市序位—规模之间关系的散点图。通过各城市群 2008—2019 年城市规模—序位的散点图可以看出:代表城市规模—序位的散点基本都均匀分布在趋势线的两侧,说明我国东中西部地区十大城市群的人口分布基本服从序位—规模法则。

这一结论具有重要意义:第一,为证明序位—规模法则的有效性提供了一个基于发展中国家的经验证据;第二,该结论奠定了后续的研究基础,由于我国东中西部地区城市群人口分布服从序位—规模法则,因此,可以在此基础上进一步研究我国东中西部地区城市群空间结构的演变特征和发展规律。

第四章

我国城市群空间结构分布与演变特征[①]

第一节　我国城市群空间结构测度方法

　　"十一五"以来,我国就把城市群作为推进城镇化的主体形态,区域发展重心在不断转移调整,过去传统的"东中西部"条状区域发展思路已经改变,以城市群为单位的"块状"区域规划上升为国家战略(张学良,2013)。《国家新型城镇化规划(2014—2020年)》中明确提出,要以城市群为主体形态,科学规划建设城市群,推动大中小城市和小城镇协调发展。随着中国城市化的深入发展,优化城市体系结构、促进大中小城市协调发展越来越成为国家城镇化战略的重点,中共十八大报告明确提出要"构建科学合理的城市化格局"(魏守华,2015)。构建科学合理的城市化格局是城市群成为一个有机整体和提高竞争力的重要手段。那么,在我国城市化进程中,城市群的城市体系结构是否合理,城市群空间结构的演变呈现出什么样的特征和规律,是本书要考察的重点。

　　目前对我国城市群空间结构进行测度的文献不多,并且大多数文献都仅针对某一城市群或特定地区城市群进行分析,缺乏对更大范围的城市群进行测度和更加详尽细致地比较分析。本章在前人已有研究成果的基础上,以中国十大代表性城市群为对象,分别利用帕累托指数、mono指数和首位度三个指标对城市群空间结构进行测度与比较,不仅能为客观判断中国城市群空间结构演变特征提供依据,而且能为政府制定城市群空间结构优化发展政策提供参考。

　　本章利用帕累托指数、mono指数和首位度3种方法衡量城市群的空间结

---

① 黄妍妮,高波,魏守华.中国城市群空间结构分布与演变特征[J].经济学家,2016(09):50-58.

构。每一种方法的详细介绍见第一章的相关文献综述部分。本章的研究范围见表 2-2,选取的时间跨度为 2007—2014 年,所用原始数据均来源于《中国城市统计年鉴》。

第二节　我国城市群空间结构测度结果与分析

一、基于帕累托指数的中国城市群空间结构特征及变动趋势

测算 2007—2014 年中国城市群空间结构的帕累托指数,对中国十大城市群进行 OLS 回归,得到 2007—2014 年各城市群空间结构帕累托指数(见表 4-1)。为了更加直观地显示城市群帕累托指数演变趋势,将回归结果用图形表示出来,图 4-1 描述了十大城市群各自的空间结构帕累托指数及其变化趋势。

表 4-1　我国十大城市群空间结构演变趋势:基于帕累托指数的测度

	城市群	2007	2008	2009	2010	2011	2012	2013	2014
东部地区	长三角	1.018 5	1.021 6	1.034 9	1.034 3	1.045 5	1.052 5	1.091 7	1.093 6
	珠三角	1.053 3	1.059 3	1.064 5	1.067 5	1.070 7	1.072 1	1.073 6	1.070 5
	京津冀	0.822 6	0.806 4	0.807 5	0.827 9	0.825 1	0.826 6	0.812 8	0.836 8
	海峡西岸	1.076 9	1.076 1	1.077 8	1.077 2	1.068 9	1.069 9	1.170 1	1.195 2
	山东半岛	1.591 9	1.636 1	1.662 0	1.666 5	1.668 6	1.641 4	1.643 3	1.881 7
	辽中南	1.011 9	1.009 8	1.009 8	1.009 5	1.014 1	1.019 9	1.016 3	1.012 4
中部地区	中原	1.406 4	1.387 0	1.363 6	0.925 4	0.910 6	0.876 0	0.937 5	0.934 3
	长江中游	1.462 2	1.472 9	1.501 5	1.484 8	1.511 7	1.524 1	1.512 2	1.544 5
西部地区	成渝	0.797 9	0.798 4	0.799 8	0.799 1	0.772 0	0.786 5	0.794 6	0.795 9
	关中	0.718 0	0.736 5	0.733 9	0.735 1	0.733 1	0.730 4	0.727 3	0.720 9

资料来源:根据《中国城市统计年鉴》(2008—2015)测算。

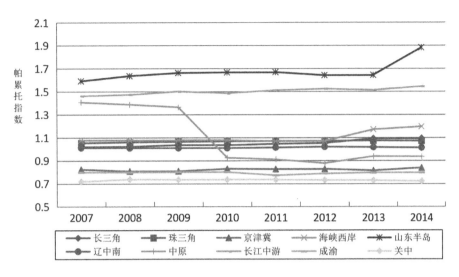

图 4-1　我国城市群帕累托指数变动趋势：2007—2014

（一）总体

十大城市群中，珠三角城市群、京津冀城市群、辽中南城市群、成渝城市群和关中城市群在 2007—2014 年间帕累托指数基本保持不变；长三角城市群在2007—2014 年间帕累托指数逐渐变大，从 2007 年的1.018 5增加到2014年的1.093 6，增加了7.4％；中原城市群在2007—2014年间帕累托指数总体呈下降趋势，从2007年的1.406 4下降到2014年的0.934 3，下降幅度达33.6％；海峡西岸城市群在2007—2014年间帕累托指数总体呈上升趋势，从2007年的1.076 9上升到2014年的1.195 2，上升幅度达 11％；山东半岛城市群在2007—2014年间帕累托指数逐渐变大，从 2007 年的 1.591 9 上升到 2014 年的 1.881 7，增长了18.2％；长江中游城市群在2007—2014年间帕累托指数逐渐变大，从2007年的1.462 2增加到2014年的1.544 5，增加了 5.6％。可以看出，中原城市群的帕累托指数正逐渐向均衡值 1 靠近，而长三角城市群、海峡西岸城市群、山东半岛城市群和长江中游城市群的帕累托指数正逐渐偏离均衡值 1。

（二）分类

十大城市群中，长三角城市群、珠三角城市群、京津冀城市群、海峡西岸城市群和辽中南城市群是序位—规模型空间结构，其他的 5 个城市群都属于首位型空间结构。其中，成渝城市群和关中城市群的帕累托指数小于1，说明城市群内的城市实际规模小于满足帕累托指数等于 1 时的理论规模；山东半岛城市群、中原城市群和长江中游城市群的帕累托指数大于 1，表明城市群内的城市实际规模大于满足帕累托指数等于 1 时的理论规模。帕累托指数偏离均衡值 1 越大，说明城市群内城市规模越不协调，人口向首位城市集中，中小城市的人口相对减少。从空间结构演变过程来看，中原城市群在 2007—2014 年间帕累托指数总体呈递减趋势，并向城市群序位—规模分布的均衡值 1 靠近，表明 2007—2014 年中原城市群正逐渐从首位型空间结构向序位—规模型空间结构演变。山东半岛城市群和长江中游城市群在 2007—2014 年间帕累托指数逐渐远离序位—规模分布的均衡值 1，仍然表现为首位型空间结构。

（三）区域比较

东部地区 6 个城市群中，长三角城市群、珠三角城市群、京津冀城市群、海峡西岸城市群和辽中南城市群是典型的序位—规模型空间结构，而山东半岛城市群则属于首位型空间结构；中部地区长江中游城市群是典型的首位型空间结构，而中原城市群在 2007—2009 年间属于首位型空间结构，在 2010—2014 年间则是典型的序位—规模型空间结构；西部地区 2 个城市群——成渝城市群和关中城市群则都属于典型的首位型空间结构。

二、基于 mono 指数的中国城市群空间结构特征及变动趋势

测算 2007—2014 年中国城市群空间结构的 mono 指数，对中国十大城市群进行 OLS 回归，得到 2007—2014 年各城市群空间结构 mono 指数（见表 4-2）。为了更加直观地显示城市群 mono 指数演变趋势，将回归结果用图形表示出来，图 4-2 描述了单中心结构城市群和多中心结构城市群的 mono 指数及其变化趋势，图 4-3 描述了中国三大区域城市群的 mono 指数及其变化趋势。

表 4-2　我国十大城市群空间结构演变趋势：基于 mono 指数的测度

城市群		2007	2008	2009	2010	2011	2012	2013	2014
东部地区	长三角	1.175 7	1.173 4	1.171 0	1.171 7	1.167 8	1.114 6	1.037 0	0.970 8
	珠三角	0.923 4	0.903 9	0.882 2	0.869 9	0.861 6	0.840 1	0.818 4	0.798 9
	京津冀	0.955 7	0.961 1	0.966 4	0.973 5	0.982 9	0.981 8	1.013 8	0.864 0
	海峡西岸	0.988 2	0.982 7	0.981 7	0.997 5	0.995 8	0.988 6	0.965 4	0.954 6
	山东半岛	0.332 7	0.323 7	0.315 8	0.312 7	0.311 8	0.235 6	0.235 4	0.234 6
	辽中南	0.954 0	0.954 9	0.956 3	0.961 0	0.959 3	0.963 1	0.967 1	0.970 8
	东部平均	0.888 3	0.883 3	0.878 9	0.881 1	0.879 9	0.854 0	0.839 5	0.799 0
中部地区	中原	0.709 4	0.719 3	0.737 6	1.321 8	1.352 5	1.386 7	1.262 9	1.285 7
	长江中游	0.875 5	0.841 0	0.839 9	0.854 2	0.732 1	0.721 3	0.715 7	0.707 1
	中部平均	0.792 5	0.780 2	0.788 8	1.088 0	1.042 3	1.054 0	0.989 3	0.996 4
西部地区	成渝	1.735 0	1.731 8	1.724 1	1.710 9	1.842 7	1.838 5	1.830 1	1.870 7
	关中	1.885 7	1.666 1	1.665 9	1.658 5	1.664 1	1.670 5	1.678 6	1.707 0
	西部平均	1.810 4	1.699 0	1.695 0	1.684 7	1.753 4	1.754 5	1.754 4	1.788 9
单中心平均		1.810 4	1.699 0	1.695 0	1.684 7	1.753 4	1.754 5	1.754 4	1.788 9
多中心平均		0.604 1	0.582 4	0.577 9	0.583 5	0.522 0	0.478 5	0.475 6	0.470 9

资料来源：根据《中国城市统计年鉴》(2008—2015)测算。

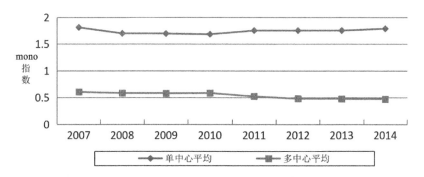

图 4-2　我国城市群 mono 指数变动趋势：2007—2014

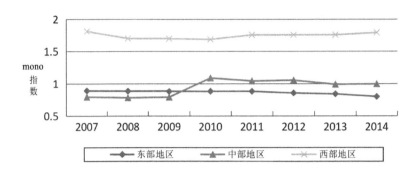

图 4-3　我国三大区域城市群 mono 指数总体变动趋势：2007—2014

（一）总体

十大城市群中，长三角城市群、珠三角城市群、山东半岛城市群、长江中游城市群和关中城市群的 mono 指数在 2007—2014 年间逐渐减小，城市群总体呈扁平化发展。主要是因为：①2012—2014 年，苏州、南京、杭州分别进行了行政区划调整，三市的市辖区人口实现迅速增长。②深圳作为珠三角人口规模第三大城市，2007—2014 年市辖区人口平稳增长，从 2007 年的 212.38 万人增加到 2014 年的 332.2 万人。③2012 年青岛进行了部分行政区划调整，青岛市辖区人口突增，超过济南成为山东半岛城市群人口规模最大的城市。④长沙作为长江中游城市群人口规模第二大城市，市辖区人口增长速度远超过第一大城市武汉。⑤宝鸡在 2008 年行政区划调整后市辖区人口规模扩大，成为关中城市群人口规模第三大城市；京津冀城市群的 mono 指数在 2007—2013 年间不断增大，但在 2014 年出现了大幅下降，从 2013 年的 1.0138 下降到 2014 年的 0.864，下降幅度达 14.8%。主要是因为 2014 年石家庄行政区划调整后，市辖区人口从 303.92 万人增加到 455 万人，石家庄从京津冀城市群人口规模第四大城市一跃成为第三大城市；海峡西岸城市群在 2007—2012 年间 mono 指数基本保持不变，但从 2013 年开始下降，主要是因为揭阳在 2013 年进行了行政区划调整，市辖区人口从 71.1 万人增加到 205.1 万人，市辖区人口实现迅猛增长；辽中南城市群在 2007—2014 年间 mono 指数基本保持不变，说明其城市等级体系相对稳定，呈平行增长态势；中原城市群和成渝城市群的 mono 指数在 2007—2014 年间逐渐变大，主要是因为在 2010 年以前，郑州只有中原区、二七区、管城回族区和惠济区。2010 年,郑州新增了金水区和上街区,导致郑州市辖区人口规模变大;重庆在 2014 年行政区划调整后市辖区人口规模增加,导致成渝城市群的 mono 指数上升。

(二)分类

十大城市群按空间结构类型划分可以分为四类:一是单中心结构城市群,包括成渝城市群和关中城市群;二是多中心结构城市群,包括山东半岛城市群和长江中游城市群;三是从多中心结构转向单中心结构的城市群,包括中原城市群;四是近似服从 Zipf 法则的城市群,包括长三角城市群、珠三角城市群、京津冀城市群、海峡西岸城市群和辽中南城市群。将单中心结构城市群和多中心结构城市群[①]的 mono 指数取均值绘制在一张图内(见图 4-2),可以发现:单中心结构城市群的 mono 指数在 2007—2010 年间逐渐减小,从 2007 年的1.810 4 减小到 2010 年的1.684 7。2010 年之后,mono 指数则不断上升,一直上升到 2014 年的1.788 9。说明 2007—2010 年间单中心结构城市群的中小城市人口增长快于核心大城市,呈收敛增长态势。2010 年之后,核心大城市人口增长又快于中小城市,呈发散增长态势;多中心结构城市群的 mono 指数在 2007—2014 年间逐渐减小,从 2007 年的 0.604 1 减小到 2014 年的 0.470 9,说明 2007—2014 年间多中心结构城市群的中小城市人口增长快于核心大城市,呈收敛增长态势,多中心结构城市群总体向扁平化发展,多中心程度加深。

(三)区域比较

东部地区长三角城市群、珠三角城市群、京津冀城市群、海峡西岸城市群和辽中南城市群近似服从 Zipf 法则,山东半岛城市群属于多中心结构城市群;中部地区中原城市群在 2007—2009 年属于弱多中心结构城市群,而到 2010—2014 年则演变为弱单中心结构城市群。长江中游城市群为弱多中心结构城市群;西部地区的川渝城市群和关中城市群则都属于典型的单中心结构城市群。

三、基于首位度的中国城市群空间结构特征及变动趋势

测算 2007—2014 年中国城市群空间结构的首位度(见表 4-3)。为了更加

---

①　该处单中心结构城市群指成渝城市群和关中城市群,多中心结构城市群指山东半岛城市群和长江中游城市群。

直观地显示城市首位度演变趋势,将计算结果用图形表示出来,图 4-4 描述了中国四大区域城市群的首位度及其变化趋势。

表 4-3   我国十大城市群空间结构演变趋势:基于首位度的测度

	城市群	2007	2008	2009	2010	2011	2012	2013	2014
东部地区	长三角	1.100 3	1.098 0	1.095 5	1.096 0	1.091 7	1.023 1	0.956 1	0.907 1
	珠三角	0.855 0	0.841 7	0.826 3	0.817 6	0.811 2	0.795 5	0.779 3	0.764 4
	京津冀	0.860 5	0.864 7	0.868 4	0.873 9	0.880 6	0.885 8	0.904 3	0.803 6
	海峡西岸	0.881 1	0.874 0	0.872 0	0.884 5	0.880 7	0.872 2	0.852 3	0.842 3
	山东半岛	0.481 2	0.477 3	0.473 5	0.472 1	0.471 7	0.425 4	0.445 8	0.445 6
	辽中南	0.869 2	0.869 7	0.870 7	0.874 4	0.873 9	0.877 2	0.880 5	0.883 5
	东部平均	0.841 2	0.837 6	0.834 4	0.836 4	0.835	0.813 2	0.803 1	0.774 4
中部地区	中原	0.690 8	0.698 3	0.710 6	1.243 2	1.280 0	1.333 6	1.184 4	1.200 6
	长江中游	0.771 7	0.752 5	0.751 6	0.767 3	0.693 6	0.685 0	0.681 3	0.676 5
	中部平均	0.731 3	0.725 4	0.731 1	1.005 3	0.986 8	1.009 3	0.932 8	0.938 6
西部地区	成渝	1.807 5	1.800 3	1.783 4	1.755 2	1.987 2	1.976 1	1.956 9	2.025 5
	关中	2.039 6	1.712 1	1.712 8	1.701 5	1.710 7	1.720 6	1.732 6	1.776 7
	西部平均	1.923 5	1.756 2	1.748 1	1.728 4	1.848 9	1.848 4	1.844 7	1.901 1
	总体平均	1.035 7	0.998 9	0.996 5	1.048 6	1.068 1	1.059 5	1.037 3	1.032 6

资料来源:根据《中国城市统计年鉴》(2008—2015)测算。

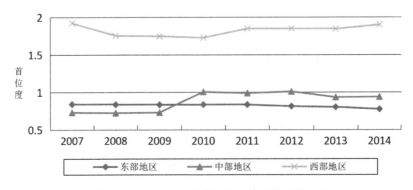

图 4-4   我国三大区域城市群首位度总体变动趋势:2007—2014

（一）总体

十大城市群中,长三角城市群、珠三角城市群、京津冀城市群、长江中游城市群和关中城市群在 2007—2014 年间的首位度逐渐变小,说明城市群中小城市人口增长快于首位城市,呈收敛增长态势;中原城市群和成渝城市群在 2007—2014 年间的首位度逐渐变大,说明城市群首位城市人口增长快于中小城市,呈发散增长态势;海峡西岸城市群、山东半岛城市群和辽中南城市群在 2007—2014 年间的首位度基本保持不变,说明城市群首位城市人口规模相对稳定,呈平行增长态势。

（二）区域比较

东部地区城市群 2007—2014 年平均首位度呈下降趋势,从 2007 年的 0.841 2 下降到 2014 年的 0.774 4;中部地区 2007—014 年城市群平均首位度逐渐变大,从 2007 年的 0.731 3 上升到 2014 年的 0.938 6;西部地区城市群平均首位度最大,2014 年达到了 1.901 1,且在 2007—2014 年间平均首位度呈先下降后上升趋势。我国十大城市群的平均首位度由东向西逐渐增大。

四、综合三类指数的中国十大城市群空间结构特征比较

帕累托指数和 mono 指数的测度结果均表明,长三角城市群、珠三角城市群、京津冀城市群、海峡西岸城市群和辽中南城市群的空间结构近似遵循序位—规模型分布特征,说明这些城市群的城市层级结构比较合理,且城市群的首位度介于 0.75～1.1,首位城市规模适中;其余五大城市群——山东半岛城市群、中原城市群、长江中游城市群、成渝城市群和关中城市群的帕累托指数和 mono 指数都偏离均衡值 1 较远,说明这五大城市群的空间结构不遵循序位—规模型分布特征,根据首位度的测算结果,山东半岛城市群的首位度在 0.45 左右,首位城市的规模偏小;中原城市群在 2007—2014 年间首位城市规模变动较大,首位度从 2007 年的 0.690 8 上升到 2014 年的 1.200 6;长江中游城市群的首位度在 0.7 左右且呈逐年下降趋势;西部地区的成渝城市群和关中城市群的首位度在 1.7～2.1,首位城市规模过大（见表 4-4）。

表 4-4 我国十大城市群空间结构特征的综合测度与比较

	城市群	帕累托指数			mono 指数			首位度		
		2007	2010	2014	2007	2010	2014	2007	2010	2014
东部地区	长三角	1.018 5	1.034 3	1.093 6	1.175 7	1.171 7	0.970 8	1.100 3	1.096 0	0.907 1
	珠三角	1.053 3	1.067 5	1.070 5	0.923 4	0.869 9	0.798 9	0.855 0	0.817 6	0.764 4
	京津冀	0.822 6	0.827 9	0.836 8	0.955 7	0.973 5	0.864 0	0.860 5	0.873 9	0.803 6
	海峡西岸	1.076 9	1.077 2	1.195 2	0.988 2	0.997 5	0.954 6	0.881 1	0.884 5	0.842 3
	山东半岛	1.591 9	1.666 5	1.881 7	0.332 7	0.312 7	0.234 0	0.481 2	0.472 1	0.445 6
	辽中南	1.011 9	1.009 5	1.012 4	0.954 0	0.961 0	0.970 8	0.869 2	0.874 4	0.883 5
中部地区	中原	1.406 4	0.925 4	0.934 3	0.709 4	1.321 8	1.285 7	0.690 8	1.243 2	1.200 6
	长江中游	1.462 2	1.484 8	1.544 5	0.875 5	0.854 2	0.707 1	0.771 7	0.767 3	0.676 5
西部地区	成渝	0.797 9	0.799 1	0.795 9	1.735 0	1.710 9	1.870 7	1.807 5	1.755 2	2.025 5
	关中	0.718 0	0.735 1	0.720 9	1.885 7	1.658 5	1.707 0	2.039 6	1.701 5	1.776 7

资料来源:根据《中国城市统计年鉴》(2008,2011,2015)测算。

第三节　本章小结

本章综合城市群内部等级体系帕累托指数、mono 指数及首位度三个指标,对我国十大城市群的空间结构进行了测度与比较,得出如下结论。

一、十大城市群空间结构特征及演变规律不尽相同

长三角城市群、珠三角城市群、京津冀城市群、海峡西岸城市群和辽中南城市群是序位—规模型空间结构,其他的 5 个城市群都属于首位型空间结构。其中,珠三角城市群、京津冀城市群、辽中南城市群、成渝城市群和关中城市群的帕累托指数基本保持不变;中原城市群的帕累托指数逐渐变小;长三角城市群、海峡西岸城市群、山东半岛城市群和长江中游城市群的帕累托指数逐渐变大。

二、单中心城市群和多中心城市群的发展态势不一

2007—2010 年,单中心结构城市群的中小城市人口增长快于核心大城市,呈收敛增长态势。2010 年之后,核心大城市人口增长又快于中小城市,呈发散增长态势;2007—2014 年,多中心结构城市群的中小城市人口增长快于核心大城市,呈收敛增长态势,多中心城市群总体向扁平化方向发展。

三、城市群空间结构表现出明显的区域差异

东部地区城市群近似服从 Zipf 法则;中部地区中原城市群由弱多中心结构向弱单中心结构演变,长江中游城市群呈弱多中心结构;西部地区城市群整体呈现出典型的单中心结构特征。此外,十大城市群的平均首位度由东向西逐渐增大。

针对上述结论,为优化城市群空间结构、促进区域协调发展,本章提出如下政策建议:①政府部门要提升规划水平,增强城市规划的科学性和权威性。②坚持"精简、统一、效能"的原则,加大区域资源整合力度,优化总体布局。③在区域发展的政策单元方面,以城市群为主体空间,重塑中国经济地理和区域空间格局。④适应加强区域合作和一体化的内在要求,将城市群作为区域经济分析的标准经济区域,在基础设施、产业、公共服务等空间布局方面,将城市群作为区域政策制定的基本空间单元。⑤科学规划城市群空间布局,实现紧凑集约、高效绿色发展。⑥中西部城市群发育程度较低,经济发展水平相对落后,资源、人口过度向中心城市集聚,不利于区域经济协调发展及城市群整体竞争力的提升。因此,中西部城市群应该优化自身城市体系,以大城市带动中小城市发展,提升城市群整体经济水平,一方面可以缓解大城市人口过度集聚诱发的各种"城市病",另一方面也可以缩小城市发展差距,促进区域协调发展。

第五章

集聚效应、公共服务与城市群空间结构演变

第一节 问题的提出

当今,城市群已经成为我国推进城镇化的主体形态。《国家新型城镇化规划(2014—2020年)》中明确提出,要科学规划建设城市群,推动大中小城市和小城镇协调发展。这一战略深刻体现了我国政府在城市化进程中对城市群空间结构进行调控的情结。诚然,合理的"等级—规模"分布层级结构,是城市群空间结构优化的必要条件(梁琦,2013)。我国幅员辽阔,各城市群之间的自然条件、历史基础和经济发展水平的差异导致了城市群之间的空间结构迥异。比如,东部地区的长三角城市群包括上海、南京、无锡、常州、苏州、南通、盐城、扬州、镇江、泰州、杭州、宁波、嘉兴、湖州、绍兴、金华、舟山、台州、合肥、芜湖、马鞍山、铜陵、安庆、滁州、池州、宣城,已形成以上海为中心,南京、杭州为次中心的多中心空间结构。而西部地区的关中城市群包括西安、咸阳、宝鸡、渭南、商洛、铜川,则形成以西安为中心的单中心空间结构(见表5-1)。

表5-1 长三角城市群和关中城市群首位度对比[①]

年份	两城市指数		四城市指数	
	长三角城市群	关中城市群	长三角城市群	关中城市群
2015	2.449 8	3.940 1	1.096 0	1.701 5

---

① 两城市指数是指首位城市的人口规模与处于第二位城市的人口规模的比值;四城市指数是指第一大城市人口数量与处于第二、第三、第四位城市人口数量之和的比。

（续表）

年份	两城市指数		四城市指数	
	长三角城市群	关中城市群	长三角城市群	关中城市群
2016	2.448 5	3.969 3	1.091 7	1.710 7
2017	2.455 1	3.994 4	1.023 1	1.720 6
2018	2.121 1	4.046 0	0.956 1	1.732 6
2019	2.113 0	4.129 4	0.907 1	1.776 7

注：所有数据均是根据国研网相关统计数据(2015—2019)整理而得。

既然我国城市群的空间结构迥异，那么，我国城市群的空间结构是否可以被分成几种类型？分类的依据是什么？我国城市群总体在向什么方向发展，是越来越呈现出均衡状态，还是越来越偏离均衡状态？又是哪些因素导致了我国城市群空间结构的演变？这些问题对于进一步合理推进我国新型城镇化方针至关重要。

城市经济学家奥沙利文认为，城市发展的基础是集聚效应(O'Sullivan，1996)。也就是说，大城市之所以发展得更好更快是因为大城市有较大的聚集效应，从而使得大城市拥有更高的生产效率、更高的工资水平和更多的就业机会。而小城市的集聚效应不足，产业基础也相对薄弱，因此，小城市的发展普遍缺乏活力(陆铭等，2012)。由于人口在城市之间流动，因而会导致城市出现净流入或净流出，从而造成城市的规模发生变动。人口发生流动的原因大致有以下两种：第一种是为了追求另一个城市更好更完善的公共服务，另一种是由于另一个城市拥有更高的工资水平。诚然，完善的公共服务代表着更好的生活环境、更优质的教育条件和更先进的医疗设施，高水平的工资也是吸引人口流入的关键因素。因此，优化城市体系，合理发展各城市的规模，需要同时做好两个方面。一方面，小城市的集聚效应不足，工资水平不高，但是小城市可以建立更加完善的公共服务，从而达到吸引人口的目的。另一方面，大城市拥有天然的市场优势，工资水平高，就业机会多，生产更有效率。大城市应该继续发挥良好的集聚效应以吸引人口流入。

综上所述，良好的集聚效应和完善健全的公共服务会促进一个城市绝对人口规模的扩大。第二章的理论分析也表明，城市集聚效应和公共服务的提升会导致人口向该城市迁移。那么,对于一个城市群来说,城市规模的这种动态变化所导致的直接结果就是城市群空间结构发生演变。因此,地区集聚效应和公共服务也应该是影响城市群空间结构的重要因素。为了研究需要,绘制表 5-2 和表 5-3,进一步分析城市群的公共服务水平和集聚效应的大小对城市群空间结构的影响。

表 5-2　长三角城市群和关中城市群公共服务水平对比[①]

年份	教育(人)		医疗(人)		文化(万人)	
	长三角	关中	长三角	关中	长三角	关中
2015	417 716	112 109	267 825	38 226	16.51	3.74
2016	424 493	109 815	286 006	47 665	17.69	3.96
2017	430 407	104 061	311 379	49 610	19.08	4.06
2018	435 358	101 675	330 599	51 620	21.43	3.54
2019	453 882	96 431	347 268	535 87	21.61	3.39

注:所有数据均是根据国研网相关统计数据(2015—2019)整理而得。

由表 5-2 可以看出,长三角城市群无论在教育、医疗还是文化方面,总体公共服务水平均远大于关中城市群。由表 5-3 可以看出,长三角城市群的工资水平也大于关中城市群,说明长三角城市群的集聚效应大于关中城市群。根据表 5-1 所示,代表长三角城市群首位度的两城市指数和四城市指数均小于关中城市群,说明长三角城市群的人口规模分布更均匀,关中城市群的人口规模分布更加集中。那么,随着城市群的总体公共服务水平和集聚效应的提高,是否会促进城市群人口向空间发散,究竟城市群的集聚效应和公共服务会对城市群空间结构产生什么样的影响,则需要通过计量检验进一步论证。

① 为简便分析,此处选取教育、医疗和文化三个方面代表城市群的公共服务,用小学教师数表示教育水平,用医生数表示医疗水平,用文化从业人员数表示文化水平。

表 5-3 长三角城市群和关中城市群集聚效应对比①

年份	长三角城市群	关中城市群
2015	47 174	33 539
2016	53 606	38 037
2017	58 823	43 393
2018	64 671	48 118
2019	69 768	49 511

注:所有数据均是根据国研网相关统计数据(2015—2019)整理而得。

　　但是,长期以来,我国的城市化政策始终没有从城市体系的角度提出,而是只关注单个城市的绝对规模。例如,大力发展小城市的规模,控制大城市规模增长的发展政策,既限制了北京、上海、广州等大城市的发展,又没能使小城市得到良好发展。而积极发展大城市的政策,又引发了交通拥堵、空气污染等大城市病的问题。因此,中共十八大报告中正式提出,在我国城市化进程中,要着力建立合理的城市化格局。从城市体系的角度,科学规划我国城市化格局,已经上升至国家战略。伴随着我国城市化的深入推进,进一步优化城市体系结构,促进城市体系内的大中小城市协调发展,变得迫在眉睫。

　　鉴于此,本章以我国东中西部十个代表性的城市群为研究对象,既包括东部地区较发达、相对成熟的城市群,又包括中西部地区发展中的城市群,从而可以更好地从经济社会有机联系的角度揭示我国城市体系规模分布的特征。从城市体系的角度,实证分析集聚效应和公共服务对我国城市群空间结构的影响。研究和检验这些问题,对于优化城市群空间结构具有重大的理论意义和现实意义,也为政府部门制定城市群发展规划提供了理论依据。

---

① 此处选取在岗职工年平均工资水平表示城市群的集聚效应,根据以往研究,本书认为,工资水平越高,说明地区集聚效应越大。具体计算方法是城市群的工资总额(万元)除以城市群的在岗职工总数(万人)。

第二节　我国城市群空间结构分布类型

一、城市群空间结构的衡量指标

本章利用帕累托指数(pareto)作为测度城市群空间结构的指标。

$$P(K)=P_1K^{-q} \tag{5-1}$$

式(5-1)中,K 为城市序列号($K=1,2,\cdots,N$；N 为城市群内部城市总数),$P(K)$ 是序列号为 K 的城市人口规模,P_1 为首位城市的人口数,令 $\alpha=1/q$,α 即为帕累托指数。帕累托指数是城市群空间结构分形特征参数,其值的高低反映了城市群空间结构的总体特征,帕累托指数越大,城市人口分布越均匀。按照西方区域经济学的城市空间结构分形特征研究假设,描述城市群空间结构分形特征的帕累托指数越接近于 1,城市群系统形态越好(Batty and Longley,1994;Brakman et al.,1999)。

二、中国十大城市群空间结构分布与演变特征

利用式(5-1),对中国十大城市群进行 OLS 回归,测算得到 2008—2019 年各城市群空间结构帕累托指数(见表 5-4)。

表 5-4　中国十大城市群空间结构演变趋势:基于帕累托指数的测度①(2008—2019)

	城市群	2008	2010	2012	2014	2016	2017	2018	2019
东部地区	长三角	0.985 8	1.009 7	1.018 5	1.034 3	1.045 5	1.052 5	1.091 7	1.093 6
	珠三角	1.034 6	1.036 6	1.053 3	1.067 5	1.070 7	1.072 1	1.073 6	1.070 5
	京津冀	0.817 8	0.818 7	0.822 0	0.827 9	0.825 1	0.826 6	0.812 8	0.836 8
	海峡西岸	1.072 1	1.076 1	1.076 9	1.077 2	1.068 9	1.069 9	1.170 1	1.195 2
	山东半岛	1.570 6	1.569 5	1.591 9	1.666 5	1.668 6	1.641 4	1.643 3	1.881 7
	辽中南	1.019 5	1.014 3	1.011 9	1.009 5	1.014 1	1.019 9	1.016 3	1.012 4

---

① 由于篇幅限制,此处只报告了部分年份的回归结果。

（续表）

	城市群	2008	2010	2012	2014	2016	2017	2018	2019
中部地区	中原	1.231 7	1.419 0	1.406 4	0.925 4	0.910 6	0.876 0	0.937 5	0.934 3
	长江中游	1.350 2	1.366 8	1.377 2	1.394 9	1.410 7	1.419 7	1.414 9	1.433 2
西部地区	成渝	0.916 8	0.921 5	0.797 9	0.799 1	0.772 0	0.786 5	0.794 6	0.795 9
	关中	0.726 2	0.716 0	0.718 0	0.735 1	0.733 1	0.730 4	0.727 3	0.720 9

注：所有数据均是根据国研网相关统计数据(2008—2019)整理而得。

从回归结果可以发现：在 2008—2019 年，十大城市群中，珠三角城市群、京津冀城市群、辽中南城市群、长江中游城市群和关中城市群的帕累托指数基本保持不变，说明城市体系较为平稳。长三角城市群、海峡西岸城市群和山东半岛城市的帕累托指数呈上升趋势，说明城市群的空间结构呈分散状态，首位城市的人口规模增长速度要低于中小城市人口规模的增长速度。中原城市群和成渝城市群的帕累托指数呈下降趋势，意味着城市群的空间结构表现为集聚大于分散，首位城市的人口增长相比中小城市更快。

帕累托指数大于 1，说明城市人口分布过于均匀，不利于城市体系的建立和发挥首位城市的带动作用。帕累托指数小于 1，说明首位城市突出，城市群呈首位型空间结构，易造成"大城市病"，且不利于城市群内其他中小城市的发展。帕累托指数等于 1，说明城市群空间结构完全服从齐普夫法则，城市群等级体系完善，大中小城市协调发展，城市群的系统形态最好。根据表 5-4 的测度结果，本书将我国城市群空间结构分为四种类型：首位型、序位—规模型、扁平化型和由扁平化向序位—规模演变型。四种类型包含的城市群如表 5-5 所示。

表 5-5　我国城市群空间结构分布类型

类型	城市群
首位型	京津冀城市群、成渝城市群、关中城市群
序位—规模型	长三角城市群、珠三角城市群、海峡西岸城市群、辽中南城市群
扁平化型	山东半岛城市群、长江中游城市群

（续表）

类型	城市群
由扁平化向序位 规模演变型	中原城市群

资料来源：作者整理。

　　帕累托指数的值反映了城市体系完善的程度。越接近于1，说明城市群的城市体系的空间结构越科学合理。因此，为了更加直观地显示十大城市群均衡程度的偏离趋势，我们将十大城市群每年的帕累托指数减去1并取绝对值加总，得到每年十大城市群帕累托指数偏离均衡值1的偏差度。接着，再分别计算东部地区[①]、中部地区和西部地区的帕累托指数均值，该均值可以反映我国不同区域的城市群空间结构的差异。可以发现：①十大城市群总体偏差度在2008—2019年呈上升趋势，说明随着城市化进程的推进，我国城市群的等级体系正逐渐向非均衡状态偏离，城市群的城市体系不尽合理，出现了部分城市群集中度变大，而部分城市群的集中度变低的现象；②东部地区城市群空间结构帕累托指数接近于1，但呈逐年上升趋势，说明东部地区在2008—2019年城市群空间结构表现为分散状态，中小城市的人口规模增长速度快于首位城市。中部地区城市群空间结构帕累托指数在2008—2019年逐渐向1靠近，说明城市群空间结构正向均衡的方向发展。西部地区城市群空间结构帕累托指数小于1，且逐渐偏离均衡值1，说明西部地区在2008—2019年首位城市的人口增长快于中小城市，城市群空间结构表现为集聚大于分散。

第三节　集聚效应、公共服务对城市群空间结构影响的实证分析

一、计量模型

　　构建如下计量模型：

---

① 此处东部地区城市群指长三角城市群、珠三角城市群、京津冀城市群、海峡西岸城市群、山东半岛城市群和辽中南城市群。

$$y_{it}=\alpha_1 Aggl_{it}+\alpha_2 Pubser_{it}+\rho X_{it}+u_i+\nu_t+\varepsilon_{it} \tag{5-2}$$

式中：下标 i 和 t 分别表示城市群和时间；y_{it} 为被解释变量（$pareto$），表示城市群空间结构；$Aggl$ 和 $Pubser$ 为两个核心解释变量，分别表示地区集聚效应和政府提供的公共服务；X_{it} 是一组控制变量；α_0 是常数项，ρ 是系数矩阵，α_1 和 α_2 是实证分析所关注的待估参数；u_i 和 ν_t 分别代表不随截面（城市群）和时间变化的固定效应，ε_{it} 为随机误差项。

二、核心解释变量说明

(一)城市群的集聚效应

选取下列两个指标反映城市群的集聚效应：利用工资水平（$wage$）反映集聚对外部人口的吸引力，工资水平代表了集聚的正效应，城市群的工资水平越高，说明人口流入的可能性越大，人口流入的数量越多。利用城市群人口密度代表拥挤效应（$cong$），拥挤程度代表了集聚的负效应，反映企业地租或居民的房价。

(二)城市群的公共服务

公共服务指标体系是城市群公共服务实现条件的集合，是由相互联系、相互补充、层次鲜明和结构复杂的一系列指标有机结合而成的整体。在遵循科学性、全面性和可行性原则的前提下，构建公共服务综合指标选择了五类公共服务，分别是教育、医疗、文化、基础设施和生态环境（见表5-6）。

表5-6　公共服务指标[①]

类别	指标
教育	小学专任教师数（$teae$），中学专任教师数（$team$），高等学校专任教师数（$teah$）
医疗卫生	卫生机构数（$agen$），医院、卫生院床位数（bed），医院、卫生院数（hos），医生数（doc）

---

① 这里选择公共服务资源的绝对量，是因为消费者在评价公共服务的便利性时往往考虑的是公共服务资源的总量而不关心人均量。

类别	指标
文化	文体娱从业人员数（cul），公共图书馆数（lib），公共图书馆藏书（libook），剧场、影剧院数（mov）
交通基础设施	城市道路面积（road），公共汽（电）车营运车辆数（bus），出租汽车数（taxi）
生态环境	园林绿地面积（gard），建成区绿化覆盖面积（green）

资料来源：作者整理。

为了解决根据经验作出判断的主观局限性，本章采用客观赋权评价法，客观赋权评价法包括主成分分析法、TOPSIS 评价法和网络层次分析法等。主成分分析法的基本原理是利用降维的思想，在尽量不损失信息的前提下把多个指标变换成若干不相关的综合指标（即主成分），每个主成分都是由原始变量进行某种线性组合得到，所有主成分之间互不相关，因而，与原始变量相比，主成分在某些方面具有更加优越的特性，这样就达到了简化结构、抓住问题本质的目的。主成分分析法一般只适用于截面数据。本章的数据是面板数据，因此采用全局主成分分析法，该方法可以捕捉到城市群公共服务水平随时间变化的动态特性，且可以保证所得结论的可比与统一。

本章的时间范围是 2008—2019 年，实证数据是我国十大城市群的面板数据。全局主成分分析法的具体操作分为三个步骤：第一，对面板数据进行整理，把该面板数据转换成由 16×10×12 个数据组成的新数据集合。第二，将第一个步骤中得到的新数据集合作为输入数据，利用主成分分析法进行处理，根据主成分分析的结果确定各三级指标所占的权重。第三，将第二个步骤中得到的新数据集合作为输入数据，利用主成分分析法进行处理，根据主成分分析的结果确定各二级指标所占的权重，最终得到公共服务的综合指数。数值越大，说明城市群公共服务的水平越高，拥有的公共资源越丰富。为使指标之间具有可比性，避免计算结果出现"噪声"，对数据进行了无量纲化处理。

三、控制变量说明

为避免变量遗漏所造成的内生性偏误，本书在已有文献的基础上，选取了多个社会经济变量作为控制变量。具体包括：

（1）非农业经济（$nonarg$），用各城市群第二产业和第三产业产值占 GDP 的比重表示。

（2）国内贸易（$domes$），以各城市群社会消费品零售总额与当年 GDP 的比值表示。

（3）外商投资（fdi），用各城市群外商直接投资额占 GDP 的比重表示。

（4）人均 GDP（ln$pGDP$），用各城市群人均 GDP 的自然对数表示。

（5）政府支出（gov），用各城市群政府一般支出占 GDP 比重表示。

（6）总人口（ln$popu$），以各城市群年末常住人口的自然对数表示。

（7）总面积（ln$area$），用各城市群行政区划面积的自然对数表示。由于研究的时间区段较长，为了消除物价的影响，所有通过货币表示的变量均调整为 2003 年的不变价格。

四、研究范围与数据来源

本章的研究范围见表 2-2，选取的时间跨度为 2008—2019 年，所用原始数据均来源于《中国城市统计年鉴》。《中国区域经济年鉴》以及各省市统计年鉴。变量的说明和描述性统计见表 5-7 和表 5-8。

表 5-7　变量的含义与测度方法

	变量	含义	测度方法
空间结构	$pareto$：帕累托指数	衡量城市群空间结构特征	$P(K)=P_1 K^{-q}$
	$mono$：$mono$ 指数	衡量城市群空间结构特征	$\ln P_i = C - q \ln R_i$
集聚效应	$lnwage$：工资水平	集聚的正效应	实际工资（百元，扣除地区间物价影响）
	$lncong$：拥挤程度	集聚的负效应	市区人口占建成区面积的比重（人/平方千米）
公共服务	$pubser$：公共服务水平	公共服务对城市群空间结构的影响	利用主成分分析方法得到公共服务综合指标

(续表)

变量		含义	测度方法
控制变量	nonarg:非农业化程度	非农业经济对城市群空间结构的影响	第二产业和第三产业产值占GDP比重(%)
	domes:国内贸易水平	国内贸易对城市群空间结构的影响	社会消费品零售总额占GDP的比重(%)
	fdi:外商投资状况	外商投资对城市群空间结构的影响	外商直接投资占GDP的比重(%)
	lnpGDP:经济发展水平	经济发展水平对城市群空间结构的影响	人均GDP(万元)
	gov:政府支出状况	政府支出对城市群空间结构成影响	政府一般预算内支出占GDP的比重(%)
	lnpopu:总人口状况	总人口对城市群空间结构的影响	年末常住人口的自然对数(万人)
	lnarea:总面积状况	总面积对城市群空间结构的影响	行政区划面积的自然对数(万平方千米)

资料来源:作者整理。

表 5-8　变量的描述性统计

变量名	观测值	平均值	标准差	最大值	最小值
pareto	120	1.076 8	0.274 3	1.881 7	0.713 7
mono	120	1.050 8	0.415 8	1.901 4	0.234 6
lnwage	120	5.627 7	0.401 1	6.471 6	4.652 9
lncong	120	4.827 8	0.277 1	5.425 6	4.078 3
pubser	120	7.36e-08	0.712 8	1.677 7	-0.895 1
nonarg	120	0.913 2	0.037 4	0.981 4	0.819 0
domes	120	0.357 3	0.033 7	0.423 9	0.284 5
fdi	120	0.005 0	0.002 3	0.012 2	0.001 2
lnpGDP	120	10.213 3	0.688 0	11.845 1	8.867 1

（续表）

变量名	观测值	平均值	标准差	最大值	最小值
gov	120	0.115 4	0.031 6	0.195 7	0.061 2
$\ln popu$	120	8.692 6	0.616 2	9.468 1	7.792 8
$\ln area$	120	11.796 8	0.673 1	12.748 1	10.910 2

注：所有数据均是根据国研网相关统计数据（2008—2019）整理而得。

五、实证结果与分析

（一）回归结果分析

本书以式（5-2）为基础，利用计量软件 stata11.0，针对集聚效应与公共服务对城市群空间结构的因果效应，分别使用面板数据的随机效应（简称 RE）和固定效应（简称 FE）估计，并进行了相应的 Hausman 检验，检验的结果表明应该使用固定效应模型。回归结果如表 5-9 所示。

表 5-9　以帕累托指数衡量的城市群空间结构的估计结果

	（1）	（2）	（3）	（4）	（5）	（6）
	FE	RE	FE	RE	FE	RE
$\ln wage$	0.178 8 *	0.189 1			0.251 2 **	0.198 0
	(1.59)	(1.20)			(2.32)	(1.26)
$\ln cong$	-0.281 2 ***	-0.347 0 ***			-0.325 9 ***	-0.321 9 ***
	(-3.13)	(-2.96)			(-3.80)	(-2.73)
$pubser$			0.260 7 ***	0.070 9	0.313 5 ***	-0.128 4
			(2.93)	(0.70)	(3.66)	(-1.42)
$nonagri$	-1.910 5 **	-10.425 9 ***	-1.419 2 *	-2.001 2 *	-2.817 5 ***	-8.861 1 ***
	(-2.20)	(-8.31)	(-1.72)	(-1.86)	(-3.29)	(-5.32)
$domes$	-0.593 2 **	-1.041 9	-0.546 1 *	-.8 710 **	-0.618 4 **	-1.016 4
	(-2.06)	(-1.48)	(-1.89)	(-2.23)	(-2.27)	(-1.45)
fdi	-18.897 7 ***	-3.171 0	-24.751 4 ***	-18.116 9 ***	-20.494 2 ***	-2.565 8
	(-3.91)	(-0.32)	(-5.29)	(-3.16)	(-4.47)	(-0.26)

（续表）

	(1)	(2)	(3)	(4)	(5)	(6)
	FE	RE	FE	RE	FE	RE
ln$pGDP$	-0.014 5	0.375 7 ***	0.156 0 ***	0.153 4 ***	-0.105 6	0.348 7 ***
	(-0.15)	(4.33)	(3.10)	(2.81)	(-1.09)	(3.94)
gov	-0.504 8	-6.493 0 ***	0.004 4	-1.392 8 *	-0.537 4	-6.501 6 ***
	(-0.66)	(-6.25)	(0.01)	(-1.94)	(-0.75)	(-6.29)
ln$popu$	-1.720 3 ***	0.237 6 ***	-2.367 0 ***	-0.267 8	-2.027 2 ***	0.358 7 ***
	(-5.34)	(3.23)	(-7.72)	(-1.38)	(-6.43)	(3.19)
ln$area$	1.219 9	-0.174 8 ***	0.330 9	0.167 4	0.281 0	-0.144 1 *
	(1.55)	(-2.38)	(0.40)	(1.04)	(0.36)	(-1.89)
_$cons$	4.249 0	8.505 9 ***	17.770 9 *	2.254 1	19.579 5 **	5.754 3 ***
	(0.46)	(5.86)	(1.75)	(1.13)	(2.02)	(2.38)
N	120	120	120	120	120	120
R^2	0.507 4	0.665 8	0.501 4	0.232 0	0.565 7	0.671 9

注：括号中为该系数的 t 值，***、** 和 * 分别表示在 1％、5％和 10％的水平上显著。下表同。

综合模型(1)至(6)的估计结果和相应检验，可以得出以下结论。

工资水平对城市群空间结构帕累托指数的影响显著为正，这意味着工资越高的地区，人口在城市群内各城市之间的分布越均匀。当一个地区的工资水平较低时，劳动力向城市群中大城市迁移的倾向变高，劳动力为了得到更高的工资和更多的就业机会流动到大城市，会导致城市群的空间结构变得更加集中。当该地区的工资水平提高时，人们会权衡工作压力和自由时间，工资的升高使得人们开始要求更多的自由时间和压力较小的工作，这个时候，部分劳动力会离开大城市，流回原先的小城市，城市群的空间结构变得更加分散，导致城市群空间结构帕累托指数上升。拥挤程度对城市群空间结构帕累托指数具有显著的负向影响，表明拥挤程度越高，人口向城市群中心城市集中的趋势越大。也就是说，城市群人口密度的增加并没有使得人口分布更均匀，反而使得城市群人口更多地向中心城市聚集，导致城市群空间结构帕累托指数变小。

公共服务对城市群空间结构帕累托指数的影响显著为正，说明区域公共服务水平的增加会引发本地区城市空间结构趋同,促进城市群内部经济活动的空间分散,有利于区域城市人口规模的均匀化。当公共服务水平偏低时,公共服务资源大多集中在大城市,人们会向大城市集聚,随着公共服务水平的提高,中小城市的公共服务体系也逐渐完善,此时,人们对大城市的偏好程度会降低,城市群人口分布会更均匀。这也与现实情况相符,西部城市群公共服务资源少,有限的资源大多被分配在首位城市,造成城市群呈首位型空间结构。而东部城市群的公共资源丰富,公共服务资源在城市群内分配相对合理,城市体系比较协调。

非农业经济变量的系数为负,表明第二产业和第三产业份额越多,或者第一产业份额越小,城市群空间结构的帕累托指数越低。原因可能是与第二、三产业相比,第一产业的劳动力流动性较差,且劳动力的分布相对分散,而第二、三产业的劳动力流动性较强,因而,第二、三产业的劳动力更易向工资高的大城市流动(刘修岩、刘茜,2015)。人均 GDP 对城市群空间结构帕累托指数的影响为正,表明具有更高经济发展水平的城市群,人口分布越均匀。当一个城市群的经济发展水平较低时,有限的政府资源往往集中到大城市,资源分配的不均衡会吸引人们向大城市流动;随着经济发展水平的提高,人们不仅会对比城市资源的配置情况,也会对住房的大小有更高的要求,对生活环境(如空气环境、交通环境)等也开始重视,导致人们重新开始偏向小城市,从而迁移出大城市。

(二)稳健性检验

为了检验估计结果的可靠性,本书进行了稳健性检验,使用 mono 指数作为被解释变量来进行相应的回归。mono 指数是利用城市群规模最大的前两位、前三位和前四位城市计算所得 q 值的平均值。具体计算公式如下:

$$\ln P_i = C - q \ln R_i \tag{5-3}$$

式(5-3)中,P_i 是第 i 位城市的人口规模,C 为常数,R_i 为城市序位。q 为最小二乘斜率的绝对值。若 $q > 1$,表明核心城市很突出,城市群属于首位型分布;若 $q < 1$,则表明城市群的人口比较分散,城市之间规模差异较小,城市群呈扁平型分布;若 $q = 1$,则认为该城市体系完全服从齐普夫法则。Hausman 检验的结果表明固定效应模型优于随机效应模型,表 5-10 报告了稳健性检验的回归结果,从该表可以看出,各变量的影响方向没有发生显著性的变化,说明回

归结果是稳健的。

表 5-10　以 mono 指数衡量的城市群空间结构的估计结果

	(1)	(2)	(3)	(4)	(5)	(6)
	FE	RE	FE	RE	FE	RE
ln$wage$	-0.404 2 **	-0.898 9 ***			-0.522 0 ***	-0.911 6 ***
	(-2.54)	(-5.22)			(-3.49)	(-5.35)
ln$cong$	0.536 2 ***	1.142 5 ***			0.608 7 ***	1.106 7 ***
	(4.22)	(8.92)			(5.14)	(8.64)
$pubser$			-0.405 1 ***	0.284 8 **	-0.510 1 ***	0.183 1 *
			(-3.12)	(2.19)	(-4.31)	(1.86)
$nonagri$	7.118 1 ***	13.585 1 ***	5.962 3 ***	5.218 9 **	8.593 7 ***	11.355 3 ***
	(5.79)	(9.92)	(4.97)	(2.35)	(7.25)	(6.28)
$domes$	1.908 8 ***	3.379 0 ***	1.811 6 ***	3.519 0 ***	1.949 9 ***	3.342 7 ***
	(4.68)	(4.39)	(4.31)	(3.53)	(5.18)	(4.39)
fdi	37.075 8 ***	-9.314 4	47.407 9 ***	29.380 1 **	39.673 2 ***	-10.176 8
	(5.42)	(-0.86)	(6.94)	(2.29)	(6.26)	(-0.95)
ln$p$GDP	0.147 2	-0.092 1	-0.226 8 ***	-0.663 1 ***	0.295 5 **	-0.053 7
	(1.05)	(-0.97)	(-3.09)	(-7.95)	(2.20)	(-0.56)
gov	-0.443 6	12.384 7 ***	-1.557 0	8.174 8 ***	-0.390 6	12.397 0 ***
	(-0.41)	(10.92)	(-1.54)	(9.54)	(-0.39)	(11.05)
ln$popu$	1.433 8 ***	-0.034 2	2.526 2 ***	-0.366 3	1.932 9 ***	-0.206 8 *
	(3.15)	(-0.43)	(5.65)	(-2.26)	(4.44)	(-1.70)
ln$area$	-1.736 1	-0.049 0	-0.331 3	-0.148 3	-0.208 7	-0.092 8
	(-1.56)	(-0.61)	(-0.27)	(-1.34)	(-0.19)	(-1.12)
_cons	-0.066 5	-12.584 7 ***	-20.835 1	5.643 1 **	-25.007 5 *	-8.664 0 ***
	(-0.01)	(-7.94)	(-1.40)	(1.96)	(-1.86)	(-3.30)
N	120	120	120	120	120	120
R^2	0.588 4	0.826 7	0.556 3	0.691 5	0.652 9	0.832 0

第四节　本章小结

本章测度和比较了中国东中西部十个城市群的空间结构帕累托指数。在总结国内外有关城市群空间结构影响因素的基础上,利用 2008—2019 年中国十大城市群的面板数据开展实证研究,得出如下结论。

一、十大城市群空间结构存在明显的区域差异

东部地区城市群呈序位—规模型结构,城市体系比较均衡,大中小城市协调发展。中部地区城市群呈扁平化型结构,城市体系不明显,城市的人口规模差异不大。西部城市群呈首位型空间结构,首位城市人口规模过大,中小城市的人口规模偏小。

二、城市群空间结构整体向非均衡状态偏离

十大城市群总体偏差度在 2008—2019 年呈上升趋势,说明随着城市化进程的推进,我国城市群总体并没有向协调方向发展,一些城市群扁平化发展和另一些城市群过于集中化发展的现象并存。

三、集聚的正效应和负效应对城市群空间结构的影响不同

工资水平对城市群空间结构的影响显著为正,拥挤程度对城市群空间结构的影响显著为负。公共服务对城市群空间结构的影响显著为正。这表明,地区工资和公共服务的提升会促进城市群人口规模分布向均匀化发展,地区拥挤程度的增加则会导致城市群人口规模分布更加不均衡。

为进一步优化我国城市群空间结构,本章提出如下政策建议:各城市群应该依照各自的空间结构分布特征选择合理的发展途径和战略。对于扁平化型空间结构的城市群,城市人口规模分布过于均匀,政府的政策要适当向中心城市偏移,加大对中心城市的发展力度,促进城市群空间结构向序位—规模型演变。对于首位型空间结构的城市群,中心城市规模过大,影响了城市群内其他中小城市的发展,不利于城市群空间结构的优化。为促进此类城市群的空间

结构向序位—规模型演变,可以选择的途径是提升城市群整体工资和公共服务水平,这样做有利于人口向中小城市分散,以达到优化城市群空间结构的目的。

第六章

经济发展水平、政府资源配置与城市群集中度差异[①]

第一节　问题的提出

2000 年以来,我国城市化发展的重心开始从单个城市绝对规模转向大中小城市协调发展,一直到中共"十八大"报告明确提出"要构建科学合理的城市化格局"。大中小城市协调发展,既是世界城镇化成功国家的一般规律,也是科学规划城市体系,走有中国特色的新型城镇化道路的根本要求(魏后凯,2014)。《国家新型城镇化规划(2014—2020 年)》又再一次强调要科学规划建设城市群,推动大中小城市和小城镇协调发展。然而现实中,我国城市群发展的区域差异还是比较明显,东部地区城市群的中心城市一般都发展较好,且对其他的城市形成了良好的带动作用,导致其他城市的人口规模与中心城市的差距较小,形成了良好的城市群体系,其中,长三角城市群已经成为世界公认的六大城市群之一。中部地区城市群伴随着工业化进程的推进和经济的发展,已经建立了一批有影响力的城市,但是总体而言,城市体系还不健全。西部地区城市群的经济发展水平最低,农业在经济活动中仍然占有很高的比重,工业化城市数量少且规模小,城市化水平较东部地区明显偏低,经济活动主要还是围绕城市群的中心城市,因此,人口会向进一步向中心城市集聚,城市群的首位度较高(见表 6-1)。

---

①　黄妍妮,魏守华,郑建锋.经济发展水平、政府资源配置与城市群集中度——来自中国十大城市群的经验证据[J].经济问题探索,2019(03):77-83.

表 6-1 东中西部地区城市群集中度对比:基于四城市指数

年份	东部地区	中部地区	西部地区
	长三角城市群	中原城市群	关中城市群
2010	1.096 0	1.243 2	1.701 5
2011	1.091 7	1.280 0	1.710 7
2012	1.023 1	1.333 6	1.720 6
2013	0.956 1	1.184 4	1.732 6
2014	0.907 1	1.200 6	1.776 7

资料来源:根据《中国城市统计年鉴》(2011—2015)测算。

因此,在经济发展水平偏低且市场化程度较低的中西部地区,城市群基本上以少数城市为主导,政府资源配置更倾向于首位城市,导致城市群的首位度比较高。而在经济发展水平偏高且市场化程度比较高的东部地区,城市群基本形成一个中心城市,多个次中心城市的发展格局,政府资源配置更加均衡,从而城市群的首位度比较低(见表 6-2 和表 6-3)。比如中部地区的中原城市群和西部地区的关中城市群,首位城市郑州和西安拥有更多的发展条件,国家级高新区、国家级经济开发区等优惠政策都设置在了城市群的首位城市,以市辖区人口衡量城市规模,2014 年,中原城市群的四城市指数是 1.200 6,关中城市群的四城市指数是 1.776 7;而在经济相对发达且市场化程度比较高的东部地区,政府的资源配置就相对比较合理,城市群的城市规模分布相对协调,城市群的首位度也比较低。比如东部地区的长三角城市群,国家级高新区、国家级经济开发区等并不是集中在上海,而是形成以上海为中心,南京、杭州、苏州、宁波、无锡、常州等城市共同快速发展的经济共同体。以市辖区人口衡量城市规模,2014 年,长三角城市群的四城市指数仅有 0.907 1。

表 6-2 东中西部地区城市群经济发展水平对比:基于人均 GDP

单位:元

年份	东部地区	中部地区	西部地区
	长三角城市群	中原城市群	关中城市群
2010	53 471.95	21 510.00	17 628.61

（续表）

年份	东部地区	中部地区	西部地区
	长三角城市群	中原城市群	关中城市群
2011	56 855.43	23 935.80	19 942.66
2012	62 126.77	26 236.15	22 509.87
2013	67 347.59	29 682.13	24 959.98
2014	72 426.49	31 607.39	27 703.41

资料来源：根据《中国城市统计年鉴》(2011—2015)测算。

表6-3 东中西部地区城市群资源配置偏向程度对比：基于教育、医疗和文化[①]

年份	东部地区			中部地区			西部地区		
	长三角城市群			中原城市群			关中城市群		
	教育	医疗	文化	教育	医疗	文化	教育	医疗	文化
2010	1.64	2.60	2.72	2.99	2.10	7.75	5.81	3.91	21.73
2011	1.51	2.59	3.92	3.21	1.70	7.11	6.20	5.19	17.64
2012	1.61	2.57	2.54	2.94	1.92	9.52	6.25	8.62	17.40
2013	1.45	2.18	2.53	2.55	2.15	8.55	6.53	8.60	11.71
2014	1.54	2.21	2.74	2.63	2.78	5.82	7.96	8.50	6.63

资料来源：根据《中国城市统计年鉴》(2011—2015)测算。

以首位度作为城市群集中度的衡量指标，那么，我国城市群集中度有什么特征？城市群集中度与自身经济发展水平和政府资源配置之间有什么关系？各城市群是否应该根据自身的经济发展水平选择是集中化发展战略还是多中心发展战略？本章将针对以上问题进行研究与解答。鉴于此，本章后续内容作如下安排：第三部分利用两城市指数和四城市指数，对中国十大城市群集中度的区域特征进行分析和比较；第四部分根据已有研究文献，提出城市群经济发

---

① 分别衡量东中西部城市群在教育、医疗和文化方面的资源配置偏向程度。其中，教育资源配置偏向程度利用城市群第一大城市与第二大城市教师数之比表示；医疗资源配置偏向程度利用城市群第一大城市与第二大城市医生数之比表示；文化资源配置偏向程度利用城市群第一大城市与第二大城市文化从业人员数之比表示。

展水平、政府资源配置影响城市群集中度的两个命题,以及计量方法与实证结果分析;第五部分是本章小结。

第二节　我国城市群集中度的测度与特征分析

一、城市群集中度测度方法

两城市指数是指城市群最大城市的人口规模与第二大城市的人口规模之比。计算公式如下:

$$S = \frac{P_1}{P_1 + P_2} \tag{6-1}$$

P_2 是第二大城市的人口规模,P_1 表示城市群内部最大城市的人口规模。

四城市指数是指城市群最大城市的人口规模与第二至第四大城市的人口规模总和之比。计算公式如下:

$$S = \frac{P_1}{P_2 + P_3 + P_4} \tag{6-2}$$

P_2 是第二大城市的人口规模,P_3 是第三大城市的人口规模,P_4 是第四大城市的人口规模,P_1 表示城市群内部最大城市的人口规模。

从计算方法上看,四城市指数的稳定性要高于两城市指数,因为两城市指数只考虑了两个城市的人口规模,容易受到外界因素的干扰,例如行政区划的影响对两城市指数的影响就大于四城市指数。如果采用两城市指数,一个关键城市行政区划的调整对集中度的影响就较为明显。以中原城市群的郑州市为例,2010 年,郑州市新增了金水区和上街区,实现市辖区人口的迅猛增长,导致两城市指数从 1.780 5 上升到 3.070 3,四城市指数从 0.710 6 增加到 1.243 2,可以看出,四城市指数相对两城指数的变化范围较小。因此,由于四城市指数考虑的城市更多,在一定程度上熨平了首位城市和第二大城市人口的波动所造成的两城市指数数值的变化。

二、城市群集中度测度结果分析

利用式(6-1)和式(6-2),对中国十大城市群 2003—2014 年的两城市指数和四城市指数进行测度,结果见表 6-4 和表 6-5①。

表 6-4　我国城市群集中度演变趋势:基于两城市指数的测度

	城市群	2003	2005	2007	2010	2011	2012	2013	2014
东部地区	长三角	2.609 9	2.513 0	2.449 8	2.449 8	2.448 5	2.455 1	2.121 1	2.113 0
	珠三角	1.708 9	1.741 4	1.763 5	1.791 1	1.791 1	1.795 1	1.799 3	1.802 4
	京津冀	1.422 3	1.443 1	1.452 9	1.471 0	1.478 7	1.509 5	1.515 4	1.515 2
	海峡西岸	2.367 5	2.375 6	2.384	2.398 4	2.401 1	2.394 7	2.389 0	2.360 3
	山东半岛	1.224 7	1.262 4	1.271 3	1.244 7	1.244 3	1.033 2	1.031 0	1.026 3
	辽中南	1.777 4	1.764 0	1.720 5	1.694 0	1.747 2	1.745 0	1.741 7	1.736 4
	东部平均	1.851 8	1.849 9	1.840 3	1.841 5	1.851 8	1.822 1	1.766 3	1.758 9
中部地区	中原	1.610 5	1.707 0	1.737 5	3.070 3	3.146 1	2.988 3	2.675 1	2.727 4
	长江中游	2.343 8	2.323 2	2.275 8	2.153 8	1.735 8	1.722 1	1.712 7	1.696 5
	中部平均	1.977 2	2.015 1	2.006 7	2.612 1	2.441	2.355 2	2.193 9	2.212
西部地区	成渝	2.232 0	2.136 1	3.035 6	2.882 9	3.250 0	3.210 2	3.163 4	3.342 3
	关中	5.608 5	5.793 9	5.818 3	3.940 1	3.969 3	3.994 4	4.046 0	4.129 4
	西部平均	3.920 3	3.965	4.427	3.411 5	3.609 7	3.602 3	3.604 7	3.735 9
	总体平均	2.290 6	2.306 0	2.390 9	2.309 6	2.321 2	2.284 8	2.219 5	2.244 9

资料来源:根据《中国城市统计年鉴》(2004—2015)测算。

　　综合表 6-4,对中国十大城市群的城市集中度和区域特征分析发现:东中西部地区城市群的城市首位度整体上呈现依次上升的趋势,即东部最低,中部次之,西部最高。东部地区城市群两城市指数的变化范围是1.02～2.61,中部地区城市群两城市指数的变化范围是1.61～3.07,西部地区城市群两城市指数的变化范围是2.13～5.82。如果人口规模的分布是完全均匀的,那么,两城指数应该是1,两城指数越远离1,说明城市体系越不均匀。因此,东部地区的城市群规模分布最为均匀,中部次之,西部最不均匀。这与三个地区的经济发展水平和城市体系建设水平的差异是相一致的。

―――――――――

① 由于篇幅限制,此处只报告了部分年份的回归结果。下表同。

表 6-5　我国城市群集中度演变趋势:基于四城市指数的测度

	城市群	2 003	2 005	2 007	2 010	2 011	2 012	2 013	2 014
东部地区	长三角	1.159 3	1.120 5	1.100 3	1.096 0	1.091 7	1.023 1	0.956 1	0.907 1
	珠三角	0.899 3	0.879 9	0.855 0	0.817 6	0.811 2	0.795 5	0.779 3	0.764 4
	京津冀	0.853 3	0.859 1	0.860 5	0.873 9	0.880 6	0.885 8	0.904 3	0.803 6
	海峡西岸	0.936 7	0.908 1	0.881 1	0.884 5	0.880 7	0.872 2	0.852 3	0.842 3
	山东半岛	0.484 5	0.485 0	0.481 2	0.472 1	0.471 7	0.445 8	0.445 8	0.445 6
	辽中南	0.869 4	0.873 2	0.869 2	0.874 4	0.873 9	0.877 2	0.880 5	0.883 5
	东部平均	0.867 1	0.854 2	0.841 2	0.836 4	0.835 0	0.816 6	0.803 1	0.774 4
中部地区	中原	0.746 4	0.680 5	0.690 8	1.243 2	1.280 0	1.333 6	1.184 4	1.200 6
	长江中游	0.838 0	0.787 0	0.771 7	0.767 3	0.693 6	0.685 0	0.681 3	0.676 5
	中部平均	0.792 2	0.733 8	0.731 3	1.005 0	0.986 8	1.009 3	0.932 8	0.938 6
西部地区	成渝	1.288 6	1.259 3	1.807 5	1.755 2	1.987 2	1.976 1	1.956 9	2.025 5
	关中	2.047 9	2.101 1	2.039 6	1.701 5	1.710 7	1.720 6	1.732 6	1.776 7
	西部平均	1.668 3	1.680 2	1.923 6	1.728 4	1.848 9	1.848 4	1.844 7	1.901 1
	总体平均	1.012 3	0.995 4	1.035 7	1.048 6	1.068 1	1.061 5	1.037 3	1.032 6

资料来源:根据《中国城市统计年鉴》(2004—2015)测算。

　　综合表 6-5,对中国十大城市群的城市集中度和区域特征分析发现:东中西部地区城市群的城市首位度整体上呈现依次上升的趋势,即东部最低,中部次之,西部最高。东部地区城市群四城市指数的变化范围是 0.44~1.16,中部地区城市群四城市指数的变化范围是 0.67~1.34,西部地区城市群四城市指数的变化范围是 1.25~2.11。如果人口规模的分布是完全均匀的,那么,四城市指数应该是 0.33,四城市指数越远离 0.33,说明城市规模分布越不均匀。因此,东部地区城市群的城市规模分布最均匀,中部次之,西部最不均匀。这也与三个地区的经济发展水平和城市体系建设水平的差异是相一致的。

　　从四城市指数的变化趋势来看,各地区差异也比较大。一些城市群的城市集中度正处于上升阶段,一些地区则已经出现了明显的下降趋势。东部地区城市群集中度的变化总体比较平稳,从变化方向上看,除去辽中南城市群仍然有小幅的上升趋势,即从 2003 年的 0.869 4 上升到 2014 年的 0.883 5,其他城市群集中度均呈现出下降的趋势;中部地区中原城市群呈上升的趋势,从 2003 年的 0.746 4 上升到 2014 年的 1.200 6。长江中游城市群呈下降趋势,从 2003 年的 0.838 0 下降到 2014 年的 0.676 5;西部地区成渝城市群呈上升趋势,从 2003 年的 1.288 6 增加到 2014 年的 2.025 5。关中城市群呈下降趋势,从 2003 年的 2.047 9 减少到 2014 年的 1.776 7。

第三节　经济发展水平、政府资源配置影响城市群集中度的实证分析

一、经济发展水平、政府资源配置影响城市群集中度的理论分析

(一)经济发展水平对城市群集中度的影响机制

在一个区域发展初期,为了追求城市的规模效应,不断地提高集聚程度、扩大中心城市规模是一个科学合理的选择,这一过程区域城市规模分布的表现是城市首位度的提高。但是当城市的规模扩大到一定程度以后,集聚的成本的上升使得继续扩大中心城市的规模不再是经济的选择,中心城市的资金、人才等要素就会流向区域中的其他城市,这是由于其他城市发展起步晚、规模小,集聚效应远大于成本,城市规模迅速扩大,这一阶段,旧的中心城市面临发展成本上升、要素流失的问题,而新的城市则迅速发展,区域城市规模分布的变化表现为城市集中度的下降。

此外,当一个城市群的经济发展水平比较低时,城市群基础设施不足,企业会向中心城市集聚,城市群集中度较高。随着经济的发展,市场规模和企业数量都会增加,中心城市的地租和劳动力成本上涨,规模经济被规模不经济抵消而不能得到充分利用。此时,一些企业会离开中心城市,选择中小城市。此外,经济发展水平较低时,由于大城市具有更多的就业机会和社会福利,人们会倾向于向大城市集聚,随着经济的发展,大城市的负外部性(环境污染、高房价、交通拥挤等)开始凸显,此时,人们会选择迁移出大城市,减少负外部性,城市群集中度降低。

(二)政府资源配置对城市群集中度的影响机制

魏后凯(2014)指出,不同于其他发展中国家,中国的城镇管理体系中,上下

级有着明确的行政级别划分,下级对上级的命令和安排必须严格服从。这种等级层级分明的管理体系,的确有利于提高行政管理的效率,但是也客观上造成和强化了资源分布的不均衡。国家倾向于把资源投向首都、直辖市或者其他有战略意义的城市,各省倾向于将资源投向省会城市,甚至在各个城市内部的不同辖区之间也有先后之分。这种局面使得各种资源在首都、省会城市和区域中心城市集中。

中国的城镇发展带有浓厚的行政化色彩,政府资源配置的行政中心偏向和大城市偏向明显。在中国的城镇管理体系中,上下级有着明确的行政级别划分,下级对上级的命令和安排必须服从。这种等级层次分明的管理体系,客观上造成和强化了资源分布的不均衡(魏后凯,2014)。政府部门往往将过多份额的资源集中到大城市,尤其是作为首位城市的首府,导致首位城市的规模不断膨胀(Gugler,1982)。政府对大城市的"偏爱"直接体现在城市之间的行政权力、优惠政策及医疗卫生、教育、基础设施等公共服务资源配置的差异上。国家倾向于把资源投向首都、直辖市或者其他有战略意义的城市,各省倾向于将资源投向省会城市。这种局面使得各种资源在首都、直辖市和省会城市集中。城市公共服务是影响城市人口选择在什么样的城市工作和生活,以及在城市间迁移的一个重要区位因子(O'Sullivan,1996)。政府资源配置的大城市偏好使得城市群中心城市具有更加完善的公共服务,促使人们向中心城市集聚,会导致城市群集中度升高。

因此,本书认为,教育、卫生、文化资源在一个区域内的分布越集中,这个地区内的政府资源配置越偏向大城市,区域集中度越高;反之,这些资源在一个区域内的分布越均匀,这个地区内的政府资源配置越均匀,区域集中度越低。

二、经济发展水平、政府资源配置影响城市群集中度的理论分析

上述理论分析表明:城市群集中度与经济发展水平呈现出负相关关系,即经济发展水平越高,城市群集中度越低;政府资源配置越向大城市倾斜,城市群集中度越高。政府资源配置的偏向导致公共资源向各级中心城市集中,政府资源配置的不均衡使得城市群集中度提高。为了检验上述两个命题,本书使用中国十大城市群地级市及以上城市的面板数据进行实证检验。

(一)计量模型

根据前文的理论分析,城市群的城市首位度受到该城市群经济发展水平和政府资源配置均衡程度的影响。这里,我们建立计量模型对上述假设进行检验。方程如下:

$$C_{it} = \alpha_0 + \alpha_1 \ln pGDP_t + \alpha_2 \ln pubser_{it} + \alpha_3 \ln control_{it} + \varepsilon_{it} \qquad (6\text{-}3)$$

其中:因变量是我国城市群层面的城市集中度;α_0 为常数项;经济发展水平用各城市群的经济发展水平($pGDP$)反映;政府资源配置的指标($pubser$)利用各城市群的地级市教师人数的分布(E_1/E_2)、医疗卫生行业人员的分布(D_1/D_2)和文化事业从业人员的分布(C_1/C_2)的乘积反映;控制变量($control$)包括非农经济($nonarg$)、国内贸易($domes$)、外商投资(fdi)、政府支出(gov)以及各城市群的总人口规模($popu$)。ε 是随机误差项。本书的原始数据均来自 2003—2014 年的历年《中国城市统计年鉴》和各省市统计年鉴。

1. 因变量

城市首位度与帕累托指数和 HH 指数有较大的相关性,且计算简便,因此,本书使用两城市指数($pr2$)作为被解释变量。此外,本书还计算了四城市指数($pr4$),作为被解释变量,以对比两城指数的解释力度,增强回归方程的稳健性。

2. 核心解释变量

1)经济发展水平变量

用人均 GDP 的对数($\ln pGDP$)反映。人均 GDP 是衡量一个地区经济发展水平最直接有效的指标。以 2003 年为基期,根据所属城市地区生产总值指数进行计算,得到实际的人均 GDP,以消除物价因素的干扰。

2)政府资源配置变量

分别利用各城市群的地级市教师人数的分布(E_1/E_2)、医疗卫生行业人员的分布(D_1/D_2)和文化事业从业人员的分布(C_1/C_2)表示政府在教育、医疗、文化方面的资源配置情况。我们利用上述三个指标的乘积构建政府资源配置的综合指标(pubser),即用下式测度:

$$pubser = \frac{E_1}{E_2} \times \frac{D_1}{D_2} \times \frac{C_1}{C_2} \qquad (6\text{-}4)$$

其中:E_1表示第一大城市的教师数[①],E_2表示第二大城市的教师数;D_1表示第一大城市的医疗卫生行业人员数,D_2表示第二大城市的医疗卫生行业人员数;C_1表示首位城市的文化事业从业人员数,C_2表示第二大城市的文化事业从业人员数。

3. 控制变量

为避免变量遗漏所造成的内生性偏误,本章在已有文献的基础上,选取了多个社会经济变量作为控制变量。具体包括:

(1)非农经济($nonarg$),用各城市群第二产业和第三产业产值占 GDP 的比重表示。

(2)国内贸易($domes$),以各城市群社会消费品零售总额占 GDP 的比值表示。

(3)外商投资(fdi),用各城市群外商直接投资额占 GDP 的比重表示。

(4)政府支出(gov),用各城市群政府一般支出占 GDP 比重表示。

(5)总人口($lnpopu$),以各城市群年末常住人口的自然对数表示。

(二)研究范围与数据来源

本章的研究范围见表 2-2,选取的时间跨度为 2003—2014 年,所有原始的数据均来自历年的《中国城市统计年鉴》和各省市统计年鉴。变量的说明和描述性统计见表 6-6 和表 6-7。

表 6-6　变量的含义与测度方法

变量		含义	测度方法
城市群集中度	$pr2$:两城市指数	衡量城市群集中度特征	P_1/P_1+P_2
	$pr4$:四城市指数	衡量城市群集中度特征	$P_1/P_2+P_3+P_4$
经济发展水平	$lnpGDP$:经济发展程度	经济发展水平对城市群集中度的影响	人均 GDP 的对数
政府资源配置	$pubser$:资源配置偏向程度	资源配置偏向对城市群集中度的影响	$(E_1/E_2)(D_1/D_2)(C_1/C_2)$

[①] 这里选择公共服务资源的绝对量,是因为消费者在评价公共服务的便利性时往往考虑的是公共服务资源的总量而不关心人均量。下同。

（续表）

变量		含义	测度方法
控制变量	*nonarg*：非农业化程度	非农业经济对城市群空间结构的影响	第二产业和第三产业产值占GDP比重（%）
	domes：国内贸易水平	国内贸易对城市群空间结构的影响	社会消费品零售总额占GDP的比重（%）
	fdi：外商投资状况	外商投资对城市群空间结构的影响	外商直接投资占GDP的比重（%）
	gov：政府支出状况	政府支出对城市群空间结构的影响	政府一般预算内支出占GDP的比重（%）
	ln*popu*：总人口状况	总人口对城市群空间结构的影响	年末常住人口的自然对数（万人）

资料来源：作者整理。

表6-7　变量的描述性统计

变量名	变量含义	观测值	平均值	标准差	最大值	最小值
*pr*2	城市群集中度两城市指数	120	2.284 8	1.014 0	5.818 3	0.967 8
*pr*4	城市群集中度四城市指数	120	1.027 8	0.436 8	2.101 1	0.425 4
ln*pGDP*	人均GDP	120	10.213 3	0.688 0	11.845 1	8.867 1
pubser	政府资源配置偏向程度综合指数	120	3.043 6	1.738 3	7.726 8	0.232 7
nonarg	第二产业和第三产业产值占GDP比重	120	0.913 2	0.037 4	0.981 4	0.819 0
domes	社会消费品零售总额占GDP比重	120	0.357 3	0.033 7	0.423 9	0.284 5
fdi	外商直接投资总额占GDP比重	120	0.005 0	0.023 4	0.012 2	0.001 2
gov	政府一般支出占GDP比重	120	0.115 4	0.031 6	0.195 7	0.061 2
ln*popu*	年末常住总人口的自然对数	120	8.692 6	0.616 2	9.468 1	7.792 8

资料来源：根据《中国城市统计年鉴》（2004—2015）测算。

三、实证结果与分析

本章以式(6-3)为基础,利用计量软件 stata11.0,针对经济发展水平、政府资源配置对城市群集中度的因果效应,分别使用面板数据的随机效应(简称 RE)和固定效应(简称 FE)估计,并进行了相应的 Hausman 检验,由 Hausman 检验可知固定效应模型优于随机效应模型。回归结果如表 6-8 所示。

表 6-8 以两城指数衡量的城市群集中度的估计结果

	(1)	(2)	(3)	(4)	(5)	(6)
	FE	RE	FE	RE	FE	RE
$\ln pGDP$	-0.603 0 ***	-0.526 8 **			-0.530 1 **	-0.447 8 **
	(-2.63)	(-2.44)			(-2.44)	(-2.27)
$\ln pubser$			0.125 7 ***	0.152 6 ***	0.118 5 ***	0.149 1 ***
			(3.81)	(4.47)	(3.66)	(4.53)
$nonagri$	21.219 8 ***	20.868 5 ***	18.841 5 ***	16.158 5 ***	22.027 1 ***	21.788 6 ***
	(5.82)	(5.25)	(5.75)	(5.38)	(6.37)	(6.09)
$domes$	6.540 8 ***	7.486 9 ***	6.048 0 ***	6.521 2 ***	6.774 8 ***	7.401 9 ***
	(4.94)	(5.05)	(4.85)	(4.95)	(5.40)	(5.58)
fdi	111.928 2 ***	87.417 3 ***	110.771 7 ***	88.811 4 ***	94.806 0 ***	75.705 9 ***
	(5.36)	(3.85)	(5.64)	(4.35)	(4.67)	(3.61)
gov	-15.138 1 ***	-10.369 8 ***	-18.334 3 ***	-13.512 9 ***	-13.614 7 ***	-10.277 1 ***
	(-4.71)	(-3.29)	(-7.53)	(-5.59)	(-4.44)	(-3.45)
$\ln popu$	5.643 9 ***	0.790 1 *	3.002 4 **	0.819 1 *	4.446 2 ***	1.035 4 **
	(4.21)	(1.69)	(2.51)	(1.75)	(3.40)	(2.04)
_cons	-61.145 3 ***	-20.176 9 ***	-41.992 2 ***	-21.258 3 ***	-52.740 4 ***	-24.318 8 ***
	(-5.76)	(-4.01)	(-4.42)	(-4.36)	(-5.13)	(-4.81)
N	120	120	120	120	120	120
R^2	0.494 1	0.413 4	0.526 6	0.501 9	0.552 5	0.515 8

注:括号中为该系数的 t 值,***、** 和 * 分别表示在 1%、5% 和 10% 的水平上显著。下表同。

综合模型(1)至(6)的估计结果和相应检验,可以得出以下结论。

经济发展水平与城市群集中度呈显著的负相关关系,这表明,随着经济发展水平的提高,城市群集中度会降低。因此,本书提出的命题 1 成立,与Kamerschen(1969)以及 Rosen 和 Resnick(1980)基于跨国数据的研究结论相一致。这意味着经济发展水平越高的地区,城市集中度越低,人口分布越均匀。当一个地区的经济发展水平较低时,地方政府往往将有限的资源投放到大城市,因此会吸引人们向大城市集聚;随着经济发展水平的提高,人们开始追求更大的住房,对生活环境也有了更高的要求,另外,交通状况的改善也为人们的通勤提供了很大的便利。因此,人们会选择离开大城市,追求更高的福利水平,导致集中度降低。

政府资源配置偏向和城市集中度呈显著的正相关关系,这意味着,政府的资源配置越向大城市倾斜,城市群集中度越高,政府资源配置的大城市偏向明显推动了大城市人口规模的进一步扩张,使得城市群人口向中心城市集中的趋势在逐渐增大。由此可见,本书提出的命题 2 成立。政府资源配置的行政中心偏向和大城市偏向,是导致中国城镇化进程中出现"特大城市规模迅速膨胀、中小城市和小城镇相对萎缩"两极化现象的根本原因(魏后凯,2014)。

控制变量方面,非农业经济占比、国内贸易、外商直接投资和总人口对城市群集中度的影响显著为正,说明城市群第二产业和第三产业份额的增加有利于人口进一步向中心城市集中;国内贸易越发展(即其在经济中比重越大),城市群集中度越高;外资直接投资占比越高,城市群人口向中心城市集中的趋势越明显;总人口的增长也会进一步促进城市群人口向中心城市集中。这意味着,单纯地增加城市群二三产业占比、增加城市群内部贸易、扩大外商直接投资份额和增加城市群总人口,并不能促进城市群内部人口的空间分散,反而可能会导致特大城市的形成,造成城市群内部出现城市层级断层的现象。

四、稳健性检验

为了检验估计结果的稳健性,本书利用四城市指数作为被解释变量来进行相应的回归。相对于两城市指数,四城市指数不易受到外界因素的干扰,因而更具稳定性。Hausman 检验的结果表明应该使用固定效应模型,表 6-9 报告了稳健性检验的回归结果,回归结果表明各变量的影响方向没有发生显著性变化,说明回归结果是稳健的。

表 6-9　以四城指数衡量的城市群集中度的估计结果

	(1)	(2)	(3)	(4)	(5)	(6)
	FE	RE	FE	RE	FE	RE
ln*pGDP*	-0.281 7 ***	-0.275 2 ***			-0.258 0 ***	-0.250 2 ***
	(-3.40)	(-3.60)			(-3.24)	(-3.50)
ln*pubser*			0.041 9 ***	0.047 5 ***	0.038 4 ***	0.046 0 ***
			(3.40)	(3.72)	(3.24)	(3.89)
nonagri	8.337 6 ***	8.129 1 ***	7.048 2 ***	5.385 3 ***	8.599 2 ***	8.444 1 ***
	(6.31)	(5.81)	(5.75)	(4.76)	(6.78)	(6.57)
domes	1.974 6 ***	2.227 1 ***	1.696 6 ***	1.710 9 ***	2.050 4 ***	2.211 1 ***
	(4.11)	(4.28)	(3.63)	(3.47)	(4.46)	(4.65)
fdi	49.375 5 ***	41.890 7 ***	51.601 1 ***	45.898 6 ***	43.827 7 ***	38.265 9 ***
	(6.53)	(5.23)	(7.01)	(6.01)	(5.89)	(5.06)
gov	-2.496 6 **	-0.912 3	-4.301 0 ***	-2.788 4 ***	-2.003 0 *	-0.913 6
	(-2.14)	(-0.81)	(-4.72)	(-3.07)	(-1.78)	(-0.84)
ln*popu*	1.556 3 ***	0.277 8	0.465 3	0.231 6	1.168 2 ***	0.343 9 *
	(3.20)	(1.54)	(1.04)	(1.27)	(2.43)	(1.71)
_*cons*	-17.901 6 ***	-6.900 2 ***	-9.945 2 ***	-6.563 5 ***	-15.178 4 ***	-8.129 4 ***
	(-4.66)	(-3.70)	(-2.79)	(-3.51)	(-4.02)	(-4.21)
N	120	120	120	120	120	120
R^2	0.515 3	0.469 4	0.515 3	0.502 5	0.560 0	0.542 0

第四节　本章小结

本章从我国城市群集中度分布的特征事实出发,以十大城市群的面板数据为基础,利用计量模型分别检验了经济发展水平和政府资源配置对城市群集中度的影响。研究发现,我国东中西部地区的城市群集中度整体上呈现出依次上升的趋势,即东部最低,中部次之,西部最高;经济发展水平与城市群集中度呈负向关系,即经济发展水平越高,城市群集中度越降;政府资源配置的偏向提高了城市群的集中度,即政府资源配置越偏向大城市,城市群集中度越高。稳健性检验依然支持这一结论。

上述结论对我国城市群空间结构优化政策的制定具有重要的启示意义。我国幅员辽阔,从东到西不仅自然环境各具特色,区域的经济发展水平和政府对资源配置的干预程度都存在着很大的差距,由于上述因素的共同作用,导致了当前城市群集中度出现了区域差异,部分城市群的空间结构不合理,城市体系不完善。面对这种区域差异,我们必须认识到,东部地区城市群的城市体系比较合理,西部地区城市群的城市体系仍然集中度高且没有达到合理状态,因此,在制定任何经济政策时都应当遵循这一现象:西部地区城市群在经济发展水平偏低,理论上采取集中化的城市群发展战略会更有利于城市群整体的发展,通过大城市的发展带动城市群经济的发展;而针对经济发展水平已经较高的东部地区城市群,则应该采取多中心的城市群发展战略,控制大城市和特大城市的规模,鼓励和支持中小城市的发展,财政政策应适当向中小城市倾向,努力引导城市规模分布的协调发展。城市体系的发展水平应当以一定的经济发展水平为支撑,过度超前或者过度滞后都是对资源不合理的利用。此外,政府资源配置对城市群的集中度有直接的影响,在推进中小城市建设的过程中,要改变原先的资源向大城市集中的现状、促进政府资源配置的均衡化、合理化。要改变原有的资源分配制度,特别是违背市场规律的行政命令对资源分配的干预,最有效的途径是更多地发挥市场的作用,增强经济的开放性。

第七章

结论与展望

第一节　主要研究结论

本书从国家规划、人口、产业结构、经济发展水平等方面综合考察和对比了我国东中西部城市群的发展情况。检验了序位—规模法则对我国城市群的适用性。综合城市群内部等级体系帕累托指数、mono 指数及首位度三个指标，对我国十大城市群的空间结构进行了测度与比较。测度和比较了中国东中西部十个城市群的空间结构帕累托指数偏离度。在总结国内外有关城市群空间结构影响因素的基础上，利用中国十大城市群的面板数据开展实证研究，检验集聚效应和公共服务对我国城市群空间结构的影响。从我国城市群集中度分布的特征事实出发，以十大城市群的面板数据为基础，利用计量模型检验了经济发展水平和政府资源配置对城市群集中度的影响。得出如下结论：

（1）城市群已经成为我国推进新型城镇化道路的主力军，科学规划建设城市群已然上升到国家战略的高度。我国东部地区的五大城市群——长三角城市群、珠三角城市群、京津冀城市群、辽中南城市群和山东半岛城市群，中部地区的两大城市群——中原城市群和长江中游城市群，西部地区的两大城市群——成渝城市群和关中城市群，已经成为我国经济发展的核心区域，吸引着大量人口集聚。各城市群所辖城市之间发展水平相差较大。城市群的中心城市往往产业结构比较高级，而发展比较差的城市，往往第一产业的占比较高。

（2）我国东中西部地区城市群的发展阶段不一。从人均 GDP 的绝对值来看，东部地区城市群要远高于中部地区，中部地区城市群又高于西部地区；从人均 GDP 的增长率来看,西部地区城市群的增长率要高于中部地区,中部地区城市群的增长率又高于东部地区。这表明,我国东部地区的城市群大多已经进入成熟的发展阶段,经济发展水平高且稳定,而中西部地区的城市群则仍处于向成熟阶段迈进的阶段,经济发展水平相对较低,但是发展的潜力较大。

(3)我国东中西部城市群人口规模分布基本服从序位—规模法则,且十大城市群空间结构特征及演变规律不尽相同。长三角城市群、珠三角城市群、京津冀城市群、海峡西岸城市群和辽中南城市群是序位—规模型空间结构,其他的 5 个城市群都属于首位型空间结构。其中,珠三角城市群、京津冀城市群、辽中南城市群、成渝城市群和关中城市群的帕累托指数基本保持不变;中原城市群的帕累托指数逐渐变小;长三角城市群、海峡西岸城市群、山东半岛城市群和长江中游城市群的帕累托指数逐渐变大。

(4)单中心城市群和多中心城市群的发展态势不一。2007—2010 年,单中心结构城市群的中小城市人口增长快于核心大城市,呈收敛增长态势。2010 年之后,核心大城市人口增长又快于中小城市,呈发散增长态势;而多中心结构城市群的中小城市人口增长快于核心大城市,呈收敛增长态势,多中心城市群总体向扁平化方向发展。

(5)城市群空间结构表现出明显的区域差异。东部地区城市群近似服从 Zipf 法则,呈序位—规模型结构,城市体系比较均衡,大中小城市协调发展;中部地区中原城市群由弱多中心结构向弱单中心结构演变,长江中游城市群呈弱多中心结构,总体呈扁平化型结构,城市体系不明显,城市的人口规模差异不大;西部地区城市群整体呈现出典型的单中心结构特征,呈首位型空间结构,首位城市人口规模过大,中小城市的人口规模偏小。此外,我国东中西部地区的城市群集中度整体上呈现出依次上升的趋势,即东部最低,中部次之,西部最高。

(6)城市群空间结构整体向非均衡状态偏离。十大城市群总体偏差度呈上升趋势,说明随着城市化进程的推进,我国城市群总体并没有向协调方向发展,一些城市群扁平化发展和另一些城市群过于集中化发展的现象并存。

(7)集聚的正效应和负效应对城市群空间结构的影响不同:工资水平对城市群空间结构的影响显著为正,拥挤程度对城市群空间结构的影响显著为负。

公共服务对城市群空间结构的影响显著为正。这表明,地区工资和公共服务的提升会促进城市群人口规模分布向均匀化发展,地区拥挤程度的增加则会导致城市群人口规模分布更加不均衡。

(8)经济发展水平与城市群集中度呈负相关关系,即随着经济发展水平的提高,城市群集中度会下降;政府资源配置的偏向提高了城市群的集中度,即政府资源配置越偏向大城市,城市群集中度越高。

第二节　政策建议

针对上述结论,为优化城市群空间结构、促进区域协调发展,本书提出如下政策建议。

(1)政府部门要提升规划水平,增强城市规划的科学性和权威性。坚持"精简、统一、效能"的原则,加大区域资源整合力度,优化总体布局。在区域发展的政策单元方面,以城市群为主体空间,重塑中国经济地理和区域空间格局。适应加强区域合作和一体化的内在要求,将城市群作为区域经济分析的标准经济区域,在基础设施、产业、公共服务等空间布局方面,将城市群作为区域政策制定的基本空间单元。科学规划城市群空间布局,实现紧凑集约、高效绿色发展。中西部城市群发育程度较低,经济发展水平相对落后,资源、人口过度向中心城市集聚,不利于区域经济协调发展及城市群整体竞争力的提升。因此,中西部城市群应该优化自身城市体系,以大城市带动中小城市发展,提升城市群整体经济水平,一方面可以缓解大城市人口过度集聚诱发的各种"城市病",另一方面也可以缩小城市发展差距,促进区域协调发展。

(2)各城市群要依照各自的空间结构分布特征选择合理的发展途径和战略。对于扁平化型空间结构的城市群,城市人口规模分布过于均匀,政府的政策要适当向中心城市偏移,加大对中心城市的发展力度,促进城市群空间结构向序位—规模型演变。对于首位型空间结构的城市群,中心城市规模过大,影响了城市群内其他中小城市的发展,不利于城市群空间结构的优化。为促进此类城市群的空间结构向序位—规模型演变,可以选择的途径是提升城市群整体工资和公共服务水平,这样做有利于人口向中小城市分散,以达到优化城市群空间结构的目的。

（3）城市体系的发展水平应当以一定的经济发展水平为支撑，改变原先的资源向大城市集中的现状、促进政府资源配置的均衡化、合理化。我国幅员辽阔，从东到西不仅自然环境各具特色，区域的经济发展水平和政府对资源配置的干预程度都存在着很大的差距，由于很多因素的共同作用，导致了当前城市群集中度出现了区域差异，部分城市群的空间结构不合理，城市体系不完善。面对这种区域差异，我们必须认识到，东部地区城市群的规模分布相对均衡、西部地区城市群趋向于单中心结构是历史的必然，任何经济政策的制定都应当遵循这一规律：在经济发展水平较低的西部地区，应当采取集中化的城市群发展战略，通过大城市的发展带动城市群经济的发展；而针对经济发展水平已经较高的东部地区城市群，则应该采取多中心的城市群发展战略，控制大城市和特大城市的规模，鼓励和支持中小城市的发展，财政政策应适当向中小城市倾斜，努力引导城市规模分布的协调发展。城市体系的发展水平应当以一定的经济发展水平为支撑，过度超前或者过度滞后都是对资源不合理的利用。此外，政府资源配置对城市群的集中度有直接的影响，在推进中小城市建设的过程中，要改变原先的资源向大城市集中的现状、促进政府资源配置的均衡化、合理化。要改变原有的资源分配制度，特别是违背市场规律的行政命令对资源分配的干预，最有效的途径是更多地发挥市场的作用，增强经济的开放性。

参考文献

[1] Ades A F, Glaeser E L., 1995, "Trade and Circuses: Explaining Urban Giants", Quarterly Journal of Economics, 110(1), pp.195-227.

[2] Alperovich, G., 1993, "An Explanatory Model of City-size Distribution: Evidence from Cross-country Data", Urban Studies, 30 (9), pp. 1591-1601.

[3] Arnott R J, Stiglitz J E., 1979, "Aggregate Land Rents, Expenditure on Public Goods and Opitimal City Size", The Quarterly Journal of Economics, 93(4), pp.471-500.

[4] Arnott R J, 2004, "Does the Henry George Theorem Provide A Practical Guide to Optimal City Size", American Journal of Economics and Sociology, 63(5), pp.1057-1090.

[5] Au C. C., V. Henderson., 2006, "Are Chinese Cities Too Small", Review of Economic Studies, 73(2), pp.549-576.

[6] Auerbach, F., 1913, "Dus Gesetz der Bevolkerungskon Zentration", Petermann's Geographische Mitteilungen, 59(2), pp.74-76.

[7] Batty, M., Longley, P., 1994, Fractal Cities: A Geometry of Form and Function, Academic Press Professional, Inc.

[8] Bayoh I, Irwin E G, Haab T., 2006, "Determinants of Residential Location Choice: How Important are Local Public Goods in Attracting Homeowners to Central City Locations?", Journal of Regional Science, 46(1), pp.97-120.

［9］Berry B J., 1961, "City Size Distributions and Economic Development", Economic Development and Culural Change, 9(4), pp.573-588.

［10］Berry B J., Garrison W L., 1958, "A Note on Central Place Theory and the Range of a Good", Economic Geography, 34(4), pp.304-311.

［11］Black D., Henderson V., 2003, "Urban Evolution in the USA", Journal of Economic Geography, 3(4), pp.343-372.

［12］Brakman, S., Garretsen, H., Marrewijk, C. V., Berg, M. V. D., 1999, "The Return of Zipf: Towards A Further Understanding of The Rank-size Distribution", Journal of Regional Science, 39 (1), pp. 183-213.

［13］Brakman, S., Garretsen, H., Marrewijk, C. V., 2001, "An Introduction to Geographical Economies, Cambridge University Press.

［14］Cervero, R., 2001. "Efficient Urbanisation: Economic Performance and the Sharp of the Metropolis", Urban Studies, 38(10), pp.1651-1671.

［15］Christaller, Walter., 1933, Central Places in Southern Germany, (translated by C. W. Baskin), Englewood Cliff, NJ : Prentice Hall, original German edition.

［16］Cuber D., 2011, "Sequential City Growth: Empirical Evidence", Journal of Urban Economics, 69(2), pp.229-239.

［17］Dahlberg M, Eklöf M, Fredriksson P, et al., 2012, "Estimating Preferences for Local Public Services Using Migration Data", Urban Studies, 49(2), pp.319-336.

［18］Dobkins L H, Ioannides Y M., 1998, "Dynamic Evolution of the U.S. City Size Distribution", Discussion Papers.

［19］Duranton, G., 2007, "Urban Evolutions: The Fast, The Slow, and The Still", American Economic Review, 97(1), pp.197-221.

［20］Eaton J, Eckstein Z., 1994, "Cities and Growth: Theory and Evidence", Regional Science and Urban Economics, 27(4), pp.443-474.

［21］Eeckhout J., 2004, "Gibrat's Law for (all) Cities", American Economic

Review, 94(5), pp.1429-1451.

[22] Fujita, M., P. Krugman, A. Venables, 1999, The Spatial Economy, MIT Press, Cambridge.

[23] Fu, Y. M., W.C. Liao, 2012, "What Drive the Geographic Concentration of College Graduates in the US? Evidence from Internal Migration", Working Paper.

[24] Gabaix X., 1997, "Zipf's Law for Cities: An Explanation", Mimeograph, Harvard University, Cambridge, MA.

[25] Gabaix X., 1999, "Zipf's Law and the Growth of Cities", American Economic Review, 43(89), pp.129-132.

[26] Gabaix X., 1999, "Zipf's Law for Cities: An Explanation", Quarterly Journal of Economics, 114, pp.739-767.

[27] Glenn R., Carroll., 1982, "National City-Size Distributions: What Do We Know After 67 Years of Research", Progress in Human Geography, 6, pp.1-43.

[28] Gottmann, J., 1957, Megalopolis: or the Urbanization of the North Eastern Seaboard Economic Geography, 3, pp.189-200.

[29] Green N., 2007, "Functional Polycentricity: A Formal Definition in Terms of Social Network Analysis", Urban Studies, 44 (11), pp. 2077-2103.

[30] Gugler, J., 1982, "Overurbanization Reconsidered", Economic Development and Cultural Change, 31(1), pp.173-189.

[31] Hall, P, Pain, K., 2006, The Polycentric Metropolis: Learning from Mega-city Regions in Europe, London: Earthscan.

[32] Harris J R, Todaro M P., 1970, "Migration Unemployment and Development: A Two-sector Analysis", American Economic Review, 60(1), pp.126-142.

[33] Henderson J V., 1974, "The Types and Sizes of Cities", American Economic Review, 64(4), pp.640-656.

[34] Henderson J V., Venables A J., 2009, "The Dynamics of City Formation", Review of Ecomomics Dynamics, 12(2), pp.233-254.

[35] Ioannides Y. M., Gabaix X., 2003, "The Evolution of City Size Distributions", in Handbook of Urban and Regional Economics, Volumes IV: Cities and Geography, J. Vernon Henderson and Jacques Francois Thisse, editors, Amsterdam: North-Holland Publishing Company.

[36] Iriji, Y., H. Simon., 1997, "Skew Distributions and the Sizes of Business Firms." Amsterdam, North-Holland.

[37] Kamerschen D., 1969, "Further Analysis of Overurbanization", Economic Development and Cultural Change, 17(2), pp.235-253.

[38] Krugman, P. R., 1991, "Increasing Returns and Economic Geography", Journal of Political Geography, 99(3), pp.483-499.

[39] Krugman P. R., 1996, "Confronting the Mystery of Urban Hierarchy", Journal of the Japanese and International Economies, 10 (4), pp. 399-418.

[40] Krugman P. R., 1997, "Zipf's Law and City Size", Mimeograph, Massachusetts Institute of Technology.

[41] Krugman P. R., Livas E. R., 1996, "Trade Policy and the Third World Metropolis", Journal of Development Economics, 49(1), pp.137-150.

[42] Lee, B., P. Gordon., 2007. "Urban Spatial Structure and Economic Growth in US Metropolitan Areas", University of Southern California Working Paper.

[43] Lewis W A., 1954, "Economic Development with Unlimited Supplies of Labour", Manchester School, 22(2), pp.139-191.

[44] Meijers, E. J., M.J. Burger., 2010, "Spatial Structure and Productivity in US Metropolitan Areas." Environment and Planning A, 42(6), pp. 1383~1402.

[45] Mills, E. S., Becker, C. M., Verma, S., 1986, Studies in Indian Urban

Development, Published for the World Bank, Oxford University Press.

[46] Moretti, E., 2004, "Human Capital Externalities in Cities", in: Henderson, J. V. and J-F. Thisse, (Eds.), Handbook of Regional and Urban Economics, Vol. IV. North Holland, Amsterdam, pp.2243-2291.

[47] Nechyba T J, Strauss R P., 1998, "Community Choice and Local Public Services: A Discrete Choice Approach", Regional Science and Urban Economics, 28(1), pp.51-73.

[48] Nocco A., 2005, "The Rise and Fall of Regional Inequalities with Technological Differences and Knowledge Spillovers", Regional Science and Urban Economics, 35(5), pp.542-569.

[49] O'Sullivan, A., 1996, "Urban Economics", New York: McGraw-Hill.

[50] Puga D., 1999, "The Rise and Fall of Regional Inequalities", Ssrn Electronic Journal, 43(2), pp.303-334.

[51] Quigley J M., 1985, "Consumer Choice of Dwelling, Neighborhood and Public Services", Regional Science and Urban Economics, 15(1), pp. 41-63.

[52] Ranis G, Fei J C H., 1961, "A Theory of Economic Development", American Economic Review, 51(4), pp.533-565.

[53] Rapaport C., 1997, "Housing Demand and Community Choice: An Empirical Analysis", Journal of Urban Economics, 42(2), pp.243-260.

[54] Rosen K T, Resnick M., 1980, "The Size Distribution of Cities: An Examination of the Pareto Law and Primacy", Journal of Urban Economics, 8(2), pp.165-186.

[55] Simon, H., 1995, "On A Class of Skew Distribution Functions", Biometrika, 42(3-4), pp.425-440.

[56] Singer, H. W., 1936, "The Courbe Des Populations: A Parallel to Pareto's Law", Economic Journal, 46(4), pp.254-263.

[57] Soo, K. T., 2005, "Zipf's Law for Cities: A Cross-Country Investigation", Regional Science and Urban Economics, 35(3), pp.239-263.

[58] Spiekermann K，Wegener M.，2004，"Evaluating Urban Sustainability Using Land-Use Transport Interaction Models"，European Journal of Transport and Infrastructure Research，4(3)，pp.251-272.

[59] Tabuchi T，Thisse J F，Zeng D Z.，2002，"On the Number and Size of Cities"，Journal of Economic Geography，5(4)，pp.423-448.

[60] Tiebout C M.，1956，"A Pure Theory of Local Government Expenditures"，Journal of Political Economy，64(5)，pp.416-424.

[61] Todaro MP.，1969，"A Model of Labor Migration and Urban Unemployment in Less Developed Countries"，American Economic Review，59(1)，pp. 138-148.

[62] Venables，A J.，2000，"Cities and Trade：External Trade and Internal Geography in Developing Economics"，NBER，Working Paper.

[63] Zipf，G. K.，1949，Human Behavior and the Principle of Least Effort：an Introduction to Human Ecology，Addison-Wesley Press.

[64] 安体富、任强：《公共服务均等化：理论、问题与对策》，《财贸经济》，2007 年第 8 期。

[65] 安体富、任强：《中国公共服务均等化水平指标体系的构建——基于地区差别视角的量化分析》，《财贸经济》，2008 年第 6 期。

[66] 陈海威：《中国基本公共服务体系研究》，《科学社会主义》，2007 年第 3 期。

[67] 陈美玲：《城市群相关概念的研究探讨》，《城市发展研究》，2011 年第 3 期。

[68] 丁维莉、陆铭：《教育的公平与效率是鱼和熊掌吗——基础教育财政的一般均衡分析》，《中国社会科学》，2005 年第 6 期。

[69] 代鑫、刘前媛、唐鹏、朱直君：《城市群空间结构演变规律及优化方向研究——以成都平原经济区为例》，《城市规划》，2020 年第 46 期。

[70] 段成荣、袁艳、郭静：《我国流动人口的最新状况》，《西北人口》，2013 年第 6 期。

[71] 杜雪君、黄忠华、吴次芳：《房地产价格、地方公共支出与房地产税负关系研究——理论分析与基于中国数据的实证检验》，《数量经济技术经济研究》，2009 年第 1 期。

[72] 方创琳、宋吉涛、张蔷、李铭:《中国城市群结构体系的组成与空间分异格局》,《地理学报》,2005年第5期。

[73] 高波、陈健、邹琳华:《区域房价差异、劳动力流动与产业升级》,《经济研究》,2012年第1期。

[74] 高波:《新常态下中国经济增长的动力和逻辑》,《南京大学学报(哲学·人文科学·社会科学版)》,2016年第3期。

[75] 高鸿鹰、武康平:《我国城市规模分布Pareto指数测算及影响因素分析》,《数量经济技术经济研究》,2007年第4期。

[76] 高琳:《分权与民生:财政自主权影响公共服务满意度的经验研究》,《经济研究》,2012年第7期。

[77] 高凌江:《地方财政支出对房地产价值的影响——基于我国35个大中城市的实证研究》,《财经理论与实践》,2008年第1期。

[78] 顾朝林:《城市群研究进展与展望》,《地理研究》,2011年第5期。

[79] 郭荣朝、张艳、孙小舟:《鄂豫陕毗邻生态脆弱区城镇空间结构研究》,《地理与地理信息科学》,2005年第4期。

[80] 胡洪曙:《财产税、地方公共支出与房产价值的关联分析》,《当代财经》,2007年第6期。

[81] Howard Ebenezer:《明日的城市》,金经元译,商务印书馆,2000年。

[82] 覃成林、刘佩婷:《行政等级、公共服务与城市人口偏态分布》,《经济与管理研究》,2016年第11期。

[83] 覃成林、周姣:《城市群协调发展:内涵、概念模型与实现路径》,《城市发展研究》,2010年第12期。

[84] 克拉克森、米勒:《产业组织理论、证据和公共政策》,上海三联书店,1989年。

[85] 李斌、李拓、朱业:《公共服务均等化、民生财政支出与城市化——基于中国286个城市面板数据的动态空间计量检验》,《中国软科学》,2015年第6期。

[86] 李博雅:《长三角城市群空间结构演化与溢出效应研究》,《宏观经济研究》,2020年第5期。

[87] 李国平、杨洋:《分工演进与城市群形成的机理研究》,《商业研究》,2009年

第 3 期。

[88] 卢华、崔凯、孙丰凯:《大气污染防治面临的挑战及对策》,《宏观经济管理》,2015 年第 7 期。

[89] 陆铭、高虹、佐藤宏:《城市规模与包容性就业》,《中国社会科学》,2012 年第 10 期。

[90] 吕炜、王伟同:《我国基本公共服务提供均等化问题研究——基于公共需求与政府能力视角的分析》,《财政研究》,2008 年第 5 期。

[91] 刘成奎、龚萍:《财政分权、地方政府城市偏向与城乡基本公共服务均等化》,《广东财经大学学报》,2014 年第 4 期。

[92] 梁琦、陈强远、王如玉:《户籍改革、劳动力流动与城市层级体系优化》,《中国社会科学》,2013 年第 12 期。

[93] 梁若冰、汤韵:《地方公共品供给中的 Tiebout 模型:基于中国城市房价的经验研究》,《世界经济》,2008 年第 10 期。

[94] 李秀敏、吴晓青:《图们江地区空间结构的演进及其调控对策研究》,《地理科学》,2006 年第 1 期。

[95] 刘修岩、刘茜:《对外贸易开放是否影响了区域的城市集中——来自中国省级层面数据的证据》,《财贸研究》,2015 年第 3 期。

[96] 秦岭、陈德君:《辽宁中部城市群的社会发展》,经济科学出版社,2000 年。

[97] 盛科荣、金耀坤、纪莉:《城市规模分布的影响因素——基于跨国截面数据的经验研究》,《经济地理》,2013 年第 1 期。

[98] 孙斌栋、王婷、刘鹏飞:《中国城市群空间结构演化的影响因素分析——基于铁路客运的功能联系视角》,《人文地理》,2019 年第 34 期。

[99] 邵挺、袁志刚:《土地供应量、地方公共品供给与住宅价格水平——基于 Tiebout 效应的一项扩展研究》,《南开经济研究》,2010 年第 3 期。

[100] 史雅娟等:《中原城市群多中心网络式空间发展模式研究》,《地理科学》,2012 年第 12 期。

[101] 田超:《首位城市过大是否阻碍省域经济协调发展——基于中国省级面板数据的实证分析》,《中国人口·资源与环境》,2015 年第 10 期。

[102] 王飞成、郭其友:《经济增长对环境污染的影响及区域性差异——基于省

际动态面板数据模型的研究》,《山西财经大学学报》,2014 年第 4 期。

[103] 吴福象、刘志彪:《城市化群落驱动经济增长的机制研究——来自长三角 16 个城市的经验证据》,《经济研究》,2008 年第 11 期。

[104] 王桂新、潘泽瀚、陆燕秋:《中国省际人口迁移区域模式变化及其影响因素——基于 2000 和 2010 年人口普查资料的分析》,《中国人口科学》,2012 年第 5 期。

[105] 王珺、周均清:《武汉城市圈空间结构演变研究》,《湖北大学学报(自然科学版)》,2007 年第 3 期。

[106] 汪明峰:《中国城市首位度的省际差异研究》,《现代城市研究》,2001 年第 3 期。

[107] 王伟:《中国三大城市群经济空间宏观形态特征比较》,《城市规划学刊》,2009 年第 1 期。

[108] 王章辉、黄柯可:《欧美农村劳动力的转移与城市化》,社会科学文献出版社,1999 年。

[109] 魏后凯:《中国城镇化进程中两极化倾向与规模格局重构》,《中国工业经济》,2014 年第 3 期。

[110] 魏守华、周山人、千慧雄:《中国城市规模偏差研究》,《中国工业经济》,2015 年第 4 期。

[111] 魏守华、张静、汤丹宁:《长三角城市体系序位—规模法则的偏差研究》,《上海经济研究》,2013 年第 10 期。

[112] 项继权:《基本公共服务均等化:政策目标与制度保障》,《华中师范大学学报(人文社会科学版)》,2008 年第 1 期。

[113] 肖群鹰、刘慧君:《基于以 QAP 算法的省际劳动力迁移动因理论再检验》,《中国人口科学》,2007 年第 4 期。

[114] 肖泽平、钟业喜、冯兴华、毛炜圣:《长江中游城市群空间结构演变及效应分析》,《长江流域资源与环境》,2021 年第 30 期。

[115] 夏怡然、陆铭:《城市间的"孟母三迁"——公共服务影响劳动力流向的经验研究》,《管理世界》,2015 年第 10 期。

[116] 夏怡然、苏锦红、黄伟:《流动人口向哪里集聚?——流入地城市特征及

其变动趋势》,《人口与经济》,2015 年第 3 期。

[117] 姚士谋、朱英明、陈振光:《中国城市群》,中国科学技术大学出版社,
2001 年。

[118] 杨小凯:《杨小凯谈经济》,中国社会科学出版社,2004 年。

[119] 余华义:《城市化、大城市化与中国地方政府规模的变动》,《经济研究》,
2015 年第 10 期。

[120] 曾红颖:《我国基本公共服务均等化标准体系及转移支付效果评价》,《经
济研究》,2012 年第 6 期。

[121] 张祥建、唐炎华、徐晋:《长江三角洲城市群空间结构演化的产业机理》,
《经济理论与经济管理》,2003 年第 10 期。

[122] 张学良:《中国区域经济转变与城市群经济发展》,《学术月刊》,2013 年第
7 期。

[123] 赵璟、党兴华、王修来:《城市群空间结构的演变——来自中国西部地区
的经验证据》,《经济评论》,2009 年第 4 期。

[124] 朱政、朱翔、李霜霜:《长江中游城市群空间结构演变历程与特征》,《地理
学报》,2021 年第 76 期。

[125] 周京奎:《政府公共资本品供给对住宅价格的影响效应研究——来自天
津市内六区的调查证据》,《经济评论》,2008 年第 5 期。

[126] 朱农、曾昭俊:《对外开放对中国地区差异及省际迁移流的影响》,《市场
与人口分析》,2004 年第 5 期。

[127] 朱政、郑伯红、贺清云:《珠三角城市群空间结构及影响研究》,《经济地
理》,2011 年第 3 期。

[128] 踪家峰、刘岗、贺妮:《中国财政支出资本化与房地产价格》,《财经科学》,
2010 年第 11 期。

[129] 邹一南:《城镇化的双重失衡与户籍制度改革》,《经济理论与经济管理》,
2014 年第 2 期。

[130] 周一星:《中国城市发展的规模政策》,《管理世界》,1992 年第 6 期。

[131] 周一星、张莉、武悦:《城市中心性与我国城市中心性的等级体系》,《地域
研究与开发》,2001 年第 4 期。

索　引